氣場女神

Badass Affirmations

貝卡・安德森
Becca Anderson

吳家恆 譯

這本書獻給我老姊，她不斷啟發著我。
這本書獻給我老媽，她讓我學會如何從挫折中站起來。
親愛的讀者，這本書也獻給妳，因為妳有無窮的可能性，
得以心想事成。

開 場 白

一切都跟氣場有關

如果妳跟我一樣，那麼妳的生活、個性總會有些地方得改一改。畢竟，人非聖賢——人生的美好，有一部分就在這一點。我們都會犯錯，我們都有壞習慣，我們有時候會做出很爛的決定，不過那也 ok。其實，那還真棒哩！不過，如果妳真的想要持續學習、不斷改善的話，那麼妳繼續同樣的事，數年如一日，就不是一件好事了。妳現在得來點新嘗試了。

這時候就說到氣場了。氣場是一種積極正面的狀態，妳要每天都大聲說出來，幫助自己調整心態，保持積極而有生產力。這些內容可以是任何事情，完全不受限制。舉個例子，如果妳想增加自信，妳可以告訴自己，「我每天都變得更有自信。」或是妳剛分手，心情很糟，妳想把注意力從情感轉移到工作上——那麼妳可以告訴自己，「我要專心開創自己的前途，」或是「我的心力都放在工作上。」這都跟妳想要做的改變有關——妳想要如何改變自己的心態，進而改變生活。

氣場最大的好處之一就是它能慢慢讓妳轉念。妳不可能一覺睡起來就告訴自己，妳以後天天都會開心，每一天都是最好的一天。（可能性是很低啦──但我假設每件事都有可能。）但如果妳每天早晨都站在鏡子前面 5 分鐘，看著自己，告訴自己：妳很漂亮能幹，只要努力，妳都會有所成就。妳會發現，過了幾個星期之後，妳開始相信自己。說不定妳每次照鏡子，已經不再畏畏縮縮，說不定妳開始注意到自己一步一步，慢慢接近自己設定的大目標──因為妳知道（我是指真的知道）只要自己有在用心，就可以做得到，所以妳走得越來越輕鬆。

氣場不是魔法咒語。妳不能光是動動嘴，然後每天盯著電腦螢幕，事業就會有進展的。妳得抓住機會，拚全力去做。妳不能光是說說而已，妳會好好愛家人，然後每次家人在妳身旁的時候，妳對他們還是不理不睬──妳得耐心聽他們說話，回話的時候要和顏悅色。我要說的是，如果氣場沒有伴隨行動，妳的生活不會有什麼改變的。說空話根本沒用。但調整氣場是擁有美好早晨、改善心態的第一步。

⇒━━≫≫≫≫ 信心充電站 ≪≪≪≪━━⇐

這本書的每一章都有很多小段落，我稱之為「信心充電站」。
每個充電站，我都舉了一些例子，妳可以拿來讓自己變得更
好。

不過，不是每個例子都適合每個人。如果妳想當個快樂的單
身女郎，妳就不會要自己「好好愛身邊的伴侶」，而是要告
訴自己：「我能獨立自主，覺得很高興。」如果妳想換跑道
或是找新工作，妳就不能說「我很喜歡現在的工作」，而是
應該說「我有辦法越變越好」。我建議妳拿出螢光筆，把妳
想用的句子畫線，或是抄下來，看妳喜歡用什麼顏色的便利
貼，貼在浴室的鏡子上、電腦螢幕的邊邊或是冰箱上。只要
抄那些跟妳的目標有關的句子就好了。把書放在妳每天都會
經過的地方，這樣一來，當妳的目標調整改變的時候，妳都
可以接收到新的氣場。

沒有「試試看」這回事

妳或許注意到,這本書在談到氣場的時候,常以「我是」、「我將要」,而不是「我想要」、「我試著」。那是因為要改變妳的思維方式,就要用強烈的字眼。如果妳說「我會設法更積極的」,那麼碰到困難的改變時,妳就比較容易選擇規避。如果妳說「我想激勵別人」,妳不過是在說空話而已。這種說法不但沒有激勵妳,還把妳困在窠臼中。妳不是已經準備要變得更積極嗎?當然,否則妳不會挑這本書來讀。妳不是已經知道自己想要激勵別人嗎?當然。想法不改,就不會變好。

當妳說「我將會變得更積極」的時候,妳就逼自己非得做出改善不可。妳承諾了自己,要做一件妳不太可能去做的事。當妳說「我激勵了別人」,妳就提醒了自己有這麼一回事。妳開始以新的方式來看待自己的行動;妳知道這會對別人產生正面的影響。而妳也開始以新的眼光來看待自己——妳知道妳對別人的啟發,這是妳一直想帶給別人的。

妳是否選擇了正確的氣場，這並不重要。重要的是這是否反映了妳最終的目標——妳想到哪裡去，而不是妳現在在哪裡。它們是妳用來改變的工具，所以要比妳平常習慣的語言更尖銳、更有強制力。所以，當妳繼續追求積極的思維方式、改善生活的時候，也要自己幫自己一個忙，說出「我將會」——而且要大聲說。妳不需要在有人在旁邊的時候大聲說，甚至可以小聲說，也比沉默無聲更能對抗內心的反抗力量。只要妳有做，就是賺到。

如何使用本書

拿起這本書,隨手翻一則引述自別人的名言,把這句話作為妳今天的指引。如果妳真的很能跟這句話產生共鳴,那就把它常記在心,時時誦唸。

把這些想法放到妳的說話中,貼在板子上,放到妳的電子郵件簽名檔、推特的自我介紹欄或是社交媒體上。嘿,如果這是妳最喜歡的格言,不妨刺在手臂內側,這樣妳時時都可以看得到,讓妳想到自己的價值,想到我們都住在一個廣大、美麗的世界。

讀幾則真正能鼓舞人心的話語來面對一天——這有點像是在打強心針。如果妳在準備做報告、業績簡報、應徵一份夢寐以求的工作、錄一段 YouTube 的影片,或是任何對妳很重要的場合,這些話語都可能讓妳信心滿滿。請把這放在心上,妳要用快樂的心情告訴自己:要快樂哦! Xoxox

這些引言的用處

這本書有三分之一都不是我寫的,而是那些比我更成功、更有名、更能啟發人的女性說的。這並不是滅自己威風——我也有我的貢獻,這只是擺在眼前的事實而已。我把這些文字收入書中,有幾個理由。

第一,我們能接觸到越多女性說的話,我們就覺得越不孤單。這本書是為了鼓舞妳、激勵妳,最好的辦法就是讓妳看到,有許多女性是妳能了解並接觸的——甚至是妳沒見過的女性!這些具有代表性的女性來自世界各地,在各行各業奮鬥,做出前所未見的貢獻。而她們就跟妳沒有兩樣:她們都是娘胎所生,呱呱墜地,每天都努力工作。畢竟,世界很小。

我也想讓讀者知道,人生沒有標準答案。書中所引述的女性,差異非常大,每個人都不一樣。妳不會每個人都認同——其實,不是每個人的意見我都認同,而我還寫了這本

書──但這很棒呀！她們仍然是傑出、成功、激勵人心的女性，每個人都有獨特之處可以分享。我們受她們的成功所激勵，但我們同時可以打造自己的成就。她們並不完美，一如我們也不完美，但是她們不會讓這問題阻礙她們。她們都各有其缺陷──而這些缺陷就是她們獨具一格的原因之一呀。這些了不起的女性以不同的方式，做出令人刮目相看的成就，贏得讚譽獎賞，打破所受到的限制──我們也能做到。

最後一點，這些女性都引領風騷，開創潮流，她們打破傳統，震撼世界。但她們都是從谷底開始的。她們利用自身所擁有的──其中一些人擁有的還真罕見！她們或許是有意如此，或許是無心插柳，都發展出迷人的風範。妳知道嗎？妳也可以辦得到。

就請妳拿起不同顏色的螢光筆，擺出一副樂觀進取的態度，開始翻書。我知道。妳已經做好迎接勝利的準備。

動手筆記，脫胎換骨

這本書的後面有 20 個修練計畫。這些練習採提問出題的方式，用意是幫妳想清楚自己的目標與抱負——然後想清楚要採取什麼可行而合理的方式，來達到這些目標。

我在這裡舉幾個例子，都是妳在後面可以讀到的：

挑一條激勵了妳的話語。妳為什麼受它激勵呢？妳今天要如何運用它？

妳要如何過一個更健康的生活？妳要如何按部就班，一天一天實踐這些想法？

妳希望自己的情感生活會出現什麼改變？書中的哪些內容對妳有幫助？

如妳所見，這些提示能幫妳把本書內容——這些名言、氣場

女神們的生平、還有信心充電站——運用在自己的生活中。它們是跳板，讓妳可以借力出發。妳做完這些思考練習之後，我建議妳可以繼續記錄自己的目標、妳的進展，寫下能鼓勵自己的內容、還有妳喜歡的名言。設定目標的時候要考慮自己的能力。不要高估自己——但也不要低估妳的驅力。妳可以對世界做出妳想做的改變，妳也可以在生活中做出妳想要有的改變。

目錄

1

有信心錯了嗎？

在女人還在為「同工同酬」奮戰的時候（我敢說，有時候爭的是更好的工作），不難想見，我們的自尊可能不知道往哪裡擺。畢竟，數百年來，我們已經習於沒有聲音、伺候別人，所以我們還在擺脫這種習氣。多虧了今天的女性主義，女人才能對抗那老舊、「傳統」的想法，認為女人的角色就是在家煮飯、當老媽子或是露出微笑、當個花瓶——今天，我們女人要應付工作和玩樂，要當個好媽媽，也要身體強健，要美麗也要強悍。畢竟，要當個有成就的老闆或是國家領導人，還有什麼比強悍更重要的呢？

❯━❯❯❯❯❯ 信心充電站 ❮❮❮❮❮━❮

我有自信
我很強韌
我有力量

自信並不是今天女性才有的。事實上，它的發展跟女性受壓迫的過程一樣久。看看任何一位從舊約聖經裡的以斯帖到法國聖女貞德的女性，問問自己，就算父權社會縮限她們的力量，她們不也是照樣昂首闊步？她們握有權力，但卻因為性別而受到輕視，而她們並不是孤例。英國的伊莉莎白二世是在位最久的英國君王，她既是女性，也處於權力頂峰，全世界也不是只有英國由女性統治。艾倫‧強森‧瑟利夫（Ellen Johnson Sirleaf）在 2006 年被選為賴比瑞亞總統，她是第一位非洲的民選首長——她的任期到 2018 年結束，這是賴比瑞亞從 1944 年之後第一次政權和平轉移。艾倫‧強森‧瑟利夫不是唯一在民主政體掌權的非洲女性——在盧安達的女

性雖然仍面對很大的挑戰，但是在國會裡頭已經占多數了。從昔日的夏威夷王國到奈及利亞、埃及、法國、西班牙到中國、印度和俄羅斯，女性已經當家了。她們不讓男人（以及其他的女人）瞧不起她們、把她們壓在底下。

⊳──»»»» 信心充電站 ««««──◁

我有能力

我是領導者

我追求我想要的

人不是只有當了君王，才有信心。人只要知道自己的價值，就會有信心，這點妳從後面選自各行各業女性的話語將會看到。這些女性知道自己是什麼人，她們接受自己，她們也愛自己──妳也可以做到這一點。沒有人有義務告訴妳，能在這個充滿暴力與負能量的世界存活，就已經很了不起了，但妳要告訴自己這一點。妳每天都要維持自己的尊嚴，提醒自

己，只要妳心裡想做的，妳都有能力做得到。讓我們面對事實吧，因為妳本來就做得到。

⊃──»»»» 信心充電站 «««««──⊂

我是成功的
我有價值
我尊重自己

妳就跟後面我們想介紹的女性一樣。妳不會屈服的。妳不會違背自己的意志。妳不會動搖。因為我們都知道，內心那個妳就是本來的妳。

感謝神賦予我這樣的素質，如果我被逐出國門，我也能在基督教世界任何角落活下來。

I thank God I am endowed with such qualities that if I were turned out of the Realm in my petticoat I were able to live in any place in Christendom.

——**伊莉莎白一世**，統治英格蘭 44 年之久，為國家締造一段和平盛世。她巧妙補足身為女性的不足，並以父母的愛情為殷鑑，絕不讓自己被愛情沖昏頭。

我受歡迎的程度有時候真把我給嚇到了。我想我是每個人都喜歡的那一型。

I'm so popular it's scary sometimes. I suppose I'm just everybody's type.

——**凱瑟琳・丹尼芙**（Catherine Deneuve），法國女演員，屹立國際影壇超過半世紀。

雖然我努力要消除自己的「我性」，或是把它消融到外人眼中我那更好的一半之中，但可嘆呀！我還是發現自己身上有個自存且自尋的我。

In spite of honest efforts to annihilate my I-ity, or merge it in what the world doubtless considers my better half, I still find myself a self-subsisting and alas! self-seeking me

——珍‧薇爾許‧卡萊爾（Jane Welsh Carlyle），18 世紀作家，以筆鋒機敏直率聞名；她不到 20 歲就寫了第一本小說（還有 1 部 5 幕的悲劇！）。

有人說我迷人。我表示同意。

Some people say I'm attractive. I say I agree.

——西碧兒‧雪珀（Cybill Shepherd），金球獎得獎女演員；5 歲開始唱歌，自此一發不可收拾。

我轉眼間就長得很標緻了！我猜等我到了 17 歲的時候，會是安默斯特這一帶最漂亮的女孩。到了那個年紀，我一定會有一大群仰慕者。然後，讓他們苦等我的青睞，而我可以看到他們所受的煎熬，一定會很好玩。

I am growing handsome very fast indeed! I expect I shall be the belle of Amherst when I reach my 17th year. I don't doubt that I shall have perfect crowds of admirers at that age. Then how I shall delight to make them await my bidding, and with what delight shall I witness their suspense while I make my final decision.

——**狄金蓀**（Emily Dickinson），寫了 1800 首詩，但卻避世不求名利；她對於詩作是否出版並不放在心上，幸好她的家人朋友在乎。

⇒——⋙⋙ 信心充電站 ⋘⋘——⇐

我很漂亮
我很迷人
我愛自己

我天生是大牌藝人。意思是妳知道身為女性的價值。

I came out of the womb a diva. All it means is you know your worth as a woman.

——**辛蒂・羅波**（Cyndi Lauper），歌手、詞曲作者、女演員，得過兩次奧斯卡獎、獲提名 15 次；她為音樂劇《長

靴妖姬》（*Kinky Boots*）寫歌，這齣音樂劇總共贏得 6 項東尼獎，也讓她成為第一個贏得東尼獎最佳原創歌曲的女性。

世界如此寬廣，要是一個摩擦不能轉為動能的話，我是不會浪費時間的。

The world is wide, and I would not waste my life in friction when it could be turned into momentum.

——**法蘭西絲·魏拉德**（Frances Willard），教育家、禁酒運動推動者，她出力創設禁酒黨，擔任基督教婦女禁酒聯合會主席；她在全美各地鼓吹婦女投票權，旅行各地，打擊國際毒品交易。

我的主人有權勢，有法律可以靠；我則有堅定的決心。這是每個人都有的力量。

My master had power and law on his side; I had a determined will. There is might in each.

——哈麗葉·安·賈可布（Harriet Ann Jacobs），她有 7 年時間獨自躲在祖母家，為的是不讓自己和孩子被那些擁有她的人所虐待；她設法逃脫，然後跟被送到北方的孩子團聚，後來她當了護士，開始寫作，說出她動人的故事，讓世人可以知道奴役有多麼可怖。

我不會被打倒的。

I will not be vanquished.

——蘿絲·甘迺迪（Rose Kennedy），老甘迺迪夫人；她是這個政治家族的精神支柱，家族成員能在政治上有所斬獲，取得個人的勝利，都是受她所幫助。

我曾經是白雪公主，但我走偏了。

I used to be Snow White, but I drifted.

——梅·蕙絲（Mae West），演員、編劇、綜藝藝人；她撰寫、導演並製作《性》（*Sex*），因此被捕，喧騰一時。

⊱ ─»»»» 信心充電站 ««««─ ⊰

我會成功
我相信自己
我只要心想，就會事成

他一輩子對我都很尖酸；我整個人浸泡在裡頭，現在我怎麼可能會甜美呢？

Vinegar he poured on me all his life; I am well marinated; how can I be honey now?

——提莉・奧爾森（Tillie Olsen），一位劃時代的小說家，她高中輟學，但後來獲頒9個榮譽博士學位！她常以女性、少數族群和窮困的勞工階級進行寫作，引發美國國內外許多大學開設女性研究課程。

精明審慎的人是快樂的；這是件非常好的事，那是當然的，但我生來就不是如此，而且到我死掉的那一天，我都還是會

把我想的事情說出來。

Prudent people are very happy; 'tis an exceeding fine thing, that's certain,
but I was born without it, and shall retain to my day of death the humour
of saying what I think.

　——**瑪麗・沃特利・蒙塔古夫人**（Lady Mary Wortley
Montagu），散文作家，詩人，遊歷廣闊；她小時候曾罹患
天花，臉上留下疤痕，所以她在土耳其親眼看到以種痘來預
防天花時，馬上讓自己的小孩也接種，並把這個做法帶回英
格蘭。

當一個人深信自己是對的時候，仍要保有謙遜美德實在是一
大考驗。

It is indeed, a trial to maintain the virtue of humility when one can't help
being right.

　——**茱迪絲・馬丁**（Judith Martin），《女士禮儀指南》
（*Miss Manners' Guide to Excruciatingly Correct Behavior*）作者。

我只不過是把尊嚴往牆上一扔，全副心思都放在比賽上頭。

I just throw dignity against the wall and think only of the game.

——**蘇珊·朗格倫**（Suzanne Lenglen），全世界第一個女性網球選手，她讓女子網球大為風行。

 氣場女神

蘇珊·朗格倫

　　1899 年，蘇珊生於巴黎，幼時體弱多病，還患有氣喘。她的父親認為打網球能增加體力，強健體魄。她第一次打網球是在 1910 年，地點在家中的網球場，在她的父親訓練下，球技突飛猛進，4 年之後，14 歲的朗格倫打入法國冠軍賽（這是法國公開賽的前身）的決賽；她最後輸給球后布蘿克狄（Marguerite Broquedis），但是那年春天，她在 15 歲生日當天，在巴黎的聖克羅（Saint-Cloud）贏得世界盃的硬地冠軍賽。她成為網球史上贏得重要球賽最年輕的選手，這項紀錄到今天還沒有人打破。

1919 年，朗格倫在溫布敦初次登場，在決賽打敗獲得 7 次冠軍的錢柏絲（Dorothea Douglass Chambers）。在場目睹這場歷史性賽事的觀眾有 8 千人，其中包括英王喬治五世與瑪麗皇后。這位年輕女性引起眾人注意議論的還不只是她的球技而已。媒體對她的穿著大加批評，別的女選手把全身包得密密實實，而她卻露出前臂和整截小腿；矜持的英國人看到這位法國女性運動員居然敢在賽事休息時啜飲白蘭地，更是大為驚訝。

　　1920 年夏天在比利時舉辦的奧運，朗格倫更是稱霸女子單打賽事。最後她獲得金牌，總共只輸了 4 局，其中 3 局是在決賽時對上英國選手荷爾蔓（Dorothy Holman）輸的。她在男女混雙也獲得金牌；在女子雙打的賽事中，她在準決賽遭到淘汰，但是因為對手棄賽，她贏得一面銅牌。她從 1919 年到 1925 年之間，年年拿冠軍，稱霸溫布敦女子單打賽事——只有 1924 年除外，那年她因為健康問題，在打進八強之後退賽。在 1925 年之後，法國選手就與溫布敦女子單打冠軍絕緣，一直到 2004 年才由莫瑞絲摩（Amélie Mauresmo）打破魔咒。

1920 年到 1926 年之間，朗格倫贏得 6 次法國冠軍賽女子單打冠軍、5 次女子雙打冠軍，也在 1921 年到 1923 年的世界盃硬地賽贏得 3 次冠軍。她在整個職業生涯中只輸過 7 場比賽，實在讓人太驚訝。

　　蘇珊・朗格倫是第一個重要的女子網球職業球星。派爾（C. C. Pyle）付了她 5 萬美金，在美國國內巡迴，跟布朗（Mary K. Browne）對戰，打了一系列的比賽。布朗當時 35 歲，網球生涯已經走下坡──但是她在那一年還是打入法國冠軍賽的決賽，可是整場比賽下來，她只拿到 1 分。這是有史以來第一次女子賽事成為報紙的頭條新聞。朗格倫也跟男性選手交手，最後 38 場比賽比下來，她每一場比賽都贏──但也累壞了，醫生勸她停止打球，好好休息。她決定退休，在愛人提里爾（Jean Tillier）的資助下，創立一所網球學校。這所學校逐漸茁壯發展，獲得肯定；朗格倫在那幾年也寫了幾本網球教學手冊。

　　朗格倫的才華、熱情與球風就此改變女子網球。在朗格倫出現在網壇之前，很少網球球迷對女子賽事感興趣。她在 1978 年被選入國際網球名人堂，很多人還是視她為有史以來

最好的網球球員之一。次年，法國公開賽開始頒發名為「蘇珊·朗格倫盃」的獎杯給女子單打冠軍得主。有了這個獎杯，蘇珊·朗格倫的傳奇得以在冠軍得主之間代代相傳，世人也得以欣賞女子網球選手的球技、運動精神與精彩表現。

• •

我屬於那一群自己搬鋼琴的人。

I belong to that group of people who move the piano by themselves.

——愛蓮娜·貝爾蒙（Eleanor Robson Belmont），女演員、歌劇歌手，她嫁給百萬富翁之後，便投身慈善事業與藝術；在二次大戰期間擔任紅十字會代表，冒著被德國潛艇擊沉的危險橫越大西洋，訪視在歐洲的美國士兵。

⇒──»»»» 信心充電站 «««« ──⇐

什麼事情我都能做
我說出心中想法
我很聰慧

你得學著當個二流貨色；但你並非生來如此。

You have to be taught to be second class; you're not born that way.

──蕾娜·荷姆（Lena Horne），歌手、女演員、民權人士，凡是刻板的非裔美國女性角色，她一概拒演；她的行為在當時引起討論；在她的演藝生涯中，成功地找到其他不辱身分的角色。

在西班牙南部，他們給我吃牛的睪丸。味道真重，我實在不喜歡。我比較喜歡握住牛角（也有「當機立斷」的意涵）。

In southern Spain, they made me eat a bull's testicles. They were really garlicky, which I don't like. I prefer to take a bull by the horns.

——**拉許米**（Padma Lakshmi），食物專家、女演員、模特兒、企業家，獲艾美獎提名的電視主持人，也是《紐約時報》暢銷書排行榜作者；她的事業經營得非常成功，足跡遍及全球。

在我之後，就再也沒有爵士歌手了。
After me there are no more jazz singers.

——**貝蒂‧卡特**（Betty Carter），爵士歌手，以精采的即興聞名；她可說身體力行了「不聽我的就滾蛋」這句話，拒絕放棄她詮釋爵士樂的手法，去屈就於製作主流音樂。

女人不見得一定要閉上嘴巴只管生小孩就好了。
Women need not always keep their mouths shut and their wombs open.

——**艾瑪‧高德曼**（Emma Goldman），作家，她不願屈從於反對勢力，繼續反對一戰，倡議女權。

艾瑪‧高德曼

　　1885 年，年僅 10 幾歲的艾瑪‧高德曼在目睹滿懷理想的無政府主義者慘遭屠殺之後逃離俄國。次年，這個「生來就要掌控大局」的年輕女性得知，美國也不能免受政治暴力之害。在美國各地，無政府主義者與社會主義者聯手推動更能保障勞工的法案（其中包括保障勞工一天 8 小時的工時）。1886 年 5 月，芝加哥的局面已經失控；5 月 3 日，警察向一間工廠的罷工工人開槍，至少 2 人死亡。次日，無政府主義者在乾草市場廣場舉行示威遊行，起初場面平和，但是當警察下令解散示威者的時候，有人投了炸彈，警察便開火以控制場面。無政府主義者受到指責，並遭到逮捕。芝加哥的權力菁英出手打擊勞工與移民，而媒體對無政府主義大加撻伐。大眾被偏見沖昏了頭，一名懷著敵意的法官把 7 名無政府主義者判處死刑。

　　乾草市場事件不但沒有把小艾瑪嚇跑，反而激發她心中對政治的熱情。她在自傳中寫到，她「生吞活剝了所能讀到

的每一行探討無政府主義的文字」，並「前往紐約，在 1890 年代為號令各路激進分子」。

艾瑪曾讀過無政府主義者莫斯特（Johann Most）的作品，她在紐約認識他，受他鼓勵發展自己演說的才能。艾瑪在紐約的猶太人區當護士，她親眼見到女性因為缺乏生育控制而付出的代價。不久，她開始發表演說，表達對於因為欠缺避孕，以致於倚賴私下墮胎的看法。她的話傳到桑格（Margaret Sanger）耳中，影響全美國生育控制運動的發展。

她繼續慷慨陳詞，鼓吹群眾，一直到 1917 年，因為反對第一次世界大戰而入獄，判刑 2 年，後來因為司法部怕她繼續發表反戰言論，而送她出境：「她有女性氣質，口才非常好，態度誠懇，抱持信念。如果讓她繼續留在國內，勢必很有影響力。」

她在國外也照樣發揮影響力；1922 年，《國家》（*The Nation*）雜誌把她選入「當代 12 位偉大女性」。等她過世之後，政府才准她的遺體回國，顯然是以為她人已死，不會再危及美國的生活方式──她葬於芝加哥，身旁躺著乾草市場的殉難者。

當我奮戰時，總會有場葬禮，但並不是我的。

When I fight, there is usually a funeral and it isn't mine.

　　——**韓麗葉塔·葛林**（Henrietta Green），她生前是美國最富有的女性；她從父親和姑媽處繼承 1 千萬美金，之後在華爾街闖蕩，透過放款累積更多的財富——這從她簡樸的生活方式是看不出來的。

我跟男人一樣強壯。女生在前線不像男性那麼引人注目。

I'm as strong as a man. Girls attract less attention in the frontier zone than men.

　　——**安德列·德·瓊**（Andrée de Jongh）是二戰期間比利時反抗軍的成員，代號是「德第」（意思是「小媽」）。她帶著超過一百名盟軍士兵穿過被德軍占領法國，安全抵達西班牙，並獲頒自由勳章

≫——»»»» 信心充電站 «««« ——≪

我會保護自己
我是贏家
我是戰士

我們對戰敗的可能性不感興趣。此等可能性並不存在。

We are not interested in the possibilities of defeat. They do not exist.

　　——維多利亞女王，她是英國在位第二久的君王（伊莉莎白二世在位的時間比她長），以其剛毅人格、道德與操守，開創了英格蘭的維多利亞時代。

麻煩下一封信給我一些好的建議。我保證不會遵守。

Please give me some good advice in your next letter. I promise not to follow it.

　　——艾德娜·聖文生·米蕾（Edna St. Vincent Millay），詩人、劇作家，專寫女性情慾與女性主義，引起討論。

消極退卻，沉默不語，是對戰爭的邀請。

Passivity and quietism are invitations to war.

　　——朵蘿西‧湯普森（Dorothy Thompson），美國新聞的第一（女）人，她的專欄「讓記錄說話」（On the Record）在美國就有數百萬名讀者。

要是我找到了一條可以安身立命的法則，我也會把它打破的。

If I ever did manage to find a law to live by, I would break it.

　　——艾森‧柯雯卡（Exene Cervenka），她在詩歌工作坊認識新朋友，於是成立了龐克搖滾樂團 X。

問題不是我們會不會死，而是我們是怎麼死的。

The question is not whether we will die, but how we will live.

　　——瓊‧博里森柯醫師（Dr. Joan Borysenko），哈佛醫學院身心診所的共同創辦人，也是《紐約時報》暢銷書作者。

⊰─────»»»»» 信心充電站 «««««─────⊱

我會跟著感覺走
我會用自己的方式做事
我會為了信念而戰

要是你每次想做點不同的事情，就探探風向，看看別人會怎麼想，那麼你將限制自己。這樣活著很怪。

If you send up a weathervane or put your thumb up in the air every time you want to do something different, to find out what people are going to think about it, you're going to limit yourself. That's a very strange way to live.

——潔西‧諾曼（Jessye Norman），國際知名的歌劇歌手，音域寬廣；她在 1968 年贏得德國廣播公司的國際聲樂大賽。

要在自己身上找到快樂，並不容易；要在別的地方找到快樂，
更是不可能。

It is not easy to find happiness in ourselves, and it is not possible to find it elsewhere.

——艾格絲·瑞普麗爾（Agnes Repplier），散文作家，傳記作家，寫作生涯長達 65 年；她的母親教她讀書，但是她學不會，從 10 歲才開始自學。

你永遠都帶著來自別人身上的指紋。

You carry forever the fingerprint that comes from being under someone's thumb.

——南茜·班克絲－史密斯（Nancy Banks-Smith），英國廣播與電視評論員，她獲得舉薦授予大英帝國騎士勳章，但是被她所拒。

你能試一試，但是別讓它阻止你。不要停在一個地方哭——你要邊哭邊動。

You can cry, but don't let it stop you. Don't cry in one spot—cry as you continue to move.

——**吉娜**（Kina），著名的 YouTuber、歌手、歌曲創作人，她贏得「多力多滋衝擊超級碗」（Doritos Crash the Super Bowl）音樂競賽。

希望始自黑暗，如果你提出堅定不移的希望，試著做對事情，黎明將會到來。你等待，注視，埋頭苦幹：你不放棄。

Hope begins in the dark, the stubborn hope that if you just show up and try to do the right thing, the dawn will come. You wait and watch and work: you don't give up.

——**安妮・拉莫特**（Anne Lamott），作家，兼寫小說與非小說，主題集中在家庭與真實（或寫實）人物。

≫——»»»» 信心充電站 «««««——≪

我抱持希望

我為自己而戰

我開創自己的快樂

欺騙自己是最糟糕的欺騙行為，萬惡以此為甚。

The first and worst of all frauds is to cheat one's self. All sin is easy after that.

    ——**珀爾‧貝利**（Pearl Bailey），聯合國顧問，百老匯女演員，歌手，曾獲東尼獎。

願意做自己、追求實現潛能的女性，要冒著孤獨度日的風險，但是更有意思的男性（其實男女皆然）所碰到的挑戰還要更大。

A woman [who] is willing to be herself and pursue her own potential runs not so much the risk of loneliness as the challenge of exposure to more interesting men—and people in general.

——羅倫・韓斯貝瑞（Lorraine Hansberry），作家，著有劇本《陽光下的葡萄乾》（*A Raisin in the Sun*），贏得紐約影評人協會獎，是第一個、也是年紀最輕的獲獎非裔美國女性。

人得要有一貫的信念與英雄氣慨，才能擺脫無分國籍、無分種族的智者的意見。

It requires philosophy and heroism to rise above the opinion of the wise men of all nations and races.

——伊莉莎白・卡迪・史丹頓（Elizabeth Cady Stanton），支持廢奴的女權運動領袖，出力成立全國婦女選舉權協會，起草劃時代的「情感宣言」。

伊莉莎白·卡迪·史丹頓

1869年，蘇珊·安東妮（Susan B. Anthony）與伊莉莎白·卡迪·史丹頓成立全國婦女選舉權協會，並提出《革命》，這是一份支持女性主義的文件。

第四憲法修正案在1872年通過，保障所有的美國人「皆受法律之平等保護」，尤其是各州的「男性居民」都有投票權。於是安東妮與卡迪·史丹頓便採取行動，要求女性也要有投票權。

她們開始推動另一項憲法修正案，賦予女性投票權；但是國會根本沒把這個提案放在心上，而女性的投票權還要再過半世紀才落實。

史丹頓和安東妮都不是省油的燈。史丹頓和盧克蕾提亞·莫特（Lucretia Mott）在1848年組織了第一次女權會議，討論了女性應有財產權、同工同酬與投票權。3年後，史丹頓經人介紹認識蘇珊·安東妮。兩人是絕妙搭檔，史丹頓有政治理論的素養，能鼓動群眾情緒，而蘇珊則是思路清晰，

擅於組織。她們創立第一個女性戒酒協會，並鼓吹丈夫酗酒可做為離婚的合法理由。

雖然伊莉莎白・史丹頓沒有活著看到婦女投票權實現的那一天，但是她所調教的後繼者最後終於贏得代表美國女性里程碑的勝利。參加 1848 年女權會議的婦女有 260 名，其中只有 1 名與會女性活著看到 1920 年通過憲法修正案，賦予女性投票權，她的名字是夏洛特・伍華德（Charlotte Woodward）。

• •

我自成天地；我以自己為師。
I am my own Universe; I am my own Professor.

──希薇亞・艾許頓－華納（Sylvia Ashton-Warner），教育家，藝術家，她把英國的教學法用在紐西蘭的毛利兒童身上；她以此經驗將兩個截然不同的文化融匯起來，並用於自己的寫作與詩歌創作。

有些女性主義者認為女性絕不會犯錯。我們擁有犯錯的權利。

Some feminists feel that a woman should never be wrong. We have a right to be wrong.

——**愛麗絲‧柴爾德瑞絲**（Alice Childress），獲獎劇作家、小說家，也是獲得東尼獎提名的女演員，她發現戲劇作品中很少有給非裔女性演的好角色，乾脆自己來寫劇本。

⇒──⟫⟫⟫⟫ 信心充電站 ⟪⟪⟪⟪──⇐

我從艱困中站起來
我照顧好自己
我對自己的成就感到滿意

我回顧自己的一生，好像經過了一整天的辛勞工作，現在工作已經做完，而我很滿意。

I look back on my life like a good day's work, it was done and I am satisfied with it.

　　——**摩西奶奶**（Grandma Moses），本名安娜·瑪麗·羅伯森·摩西（Anna Mary Robertson Moses），是個農家婦女，她細緻、多彩而質樸的畫作在紐約現代美術館和全美各地展出。

我常常希望自己有時間涵養謙遜胸懷……但我太忙，心思都放在自己身上。

I have often wished I had time to cultivate modesty ... but I am too busy thinking about myself.

　　——**伊迪絲·西特韋爾**（Edith Sitwell），傳奇女作家，4 歲時被問到以後想做什麼，她說長大後要當個天才。

誰說的呢？

By whom?

　　——**朵蘿西·帕克**（Dorothy Parker），諷刺作家、評論家、

詩人，也是獲得奧斯卡獎提名的作家，有人說她「直言不諱」
的時候，她如此反問。

我媽常跟我說，因為我做事拖拖拉拉，不可能有什麼成就。
我說，「就等等看吧。」

My mother always told me I wouldn't amount to anything because I
procrastinate. I said, "Just wait."

　　——茱蒂·田努塔（Judy Tenuta），她是第一個贏得「美
國喜劇獎」最佳女性喜劇演員的女藝人。

你聽到我說的話了嗎？含意很深啊。

Did you hear what I said? It was very profound.

　　——蘿拉·施列欣格博士（Dr. Laura Schlessinger），長期
主持廣播節目，在 1997 年成為第一個得到「馬可尼廣播獎
網絡財團年度人物」的女性；2012 年，她推出珠寶、手提包、
眼鏡和陶藝品，以支持「捐軀遺族基金會」。

這些女性的能力不會比妳高。事實上,妳一點也不比她們差。妳跟她們一樣有創造力、一樣聰明、一樣有能力。讀到這些她們說的話,不會讓妳喪志,反而會讓妳振作,提醒了妳女性的能耐——還有妳的能耐。同時也讓妳知道,妳應該要有信心。而且,有信心是好的。妳也理應要有信心。

不管妳今天有什麼事情要做,不管妳的未來會如何,妳都是個有力、獨立而美麗的女子,只要持續提醒自己這件事,妳會做出超乎想像的成績。

2

面對愛情與渴求，
可以不擇手段

一段浪漫關係應該是什麼模樣，每個女性心中都有自己一套看法。妳期待愛人來敲門赴約，還是在樓下按喇叭來接妳？還是妳想約在酒吧碰面？當時機成熟，可以開始跟對方過夜的時候，請不要來囉嗦——談到愛情關係，對於所謂「正確」因應方式，向來莫衷一是，以後也不可能有共識。

⟫——⟫⟫⟫ 信心充電站 ⟪⟪⟪——⟨

我生性浪漫有禮
我不會隱藏自己
我對自己的愛情生活不抱期待

不管是一見鍾情，還是一夜情，我都支持妳——底下所引述的人裡頭，至少有些人也會支持。約會最棒的一點是，它沒有什麼規則——每個人都照自己的方式，只要妳的對象跟妳的想法差不多就行了。每天晚上都想換個伴侶？那就去做。想等到結婚之後再發生關係？那就找個願意一起等待的伴侶。妳是個非常獨立的女性，不想要男人？我們支持妳。不管妳想要什麼，都去追求——不過我會建議妳，不要去找有婦之夫，也不要讓別人告訴妳，妳做錯了。如果妳的伴侶喜歡妳，而妳也喜歡自己，那就好了。

⊳──»»»» 信心充電站 ««««──⊲

**我很清楚，約會是一時的，而不是長長久久
我會讓情感關係自然發生
如果情感不順，我都能走出來**

但若妳不能在情場得意，那也不要發愁。繼續讀下去，妳會
看到，並不是只有妳吃了愛情的閉門羹。分手之後會難過，
自閉個幾天，狂吃巧克力，看愛情片大哭，這是很自然的。
慢慢來，讓自己有時間去復原。等到告一段落，就重新站起
來，繼續往前走。把自己的生命再次活出來。如果妳想找到
合適的對象，不要擔憂自己能不能找到——如果妳想自己一
個人過，也不要覺得不去搭理那些想要妳找對象的人，會有
什麼不好意思。或許，就把擔憂拋到腦後吧。真正要緊的是，
妳很漂亮、可愛，值得受到關注。而妳是唯一一個需要把這
件事告訴自己的人。

性是在動作中的情感。

Sex is an emotion in motion.

——**梅‧蕙絲**（Mae West），女演員，劇作家，歌舞雜戲的表演者。她因為編導演了《性》（*Sex*）這齣百老匯秀而遭到逮捕。

愛是我們對至高價值的回應——這是唯一的可能。

Love is our response to our highest values—and can be nothing else.

——**安蘭德**（Ayn Rand），電影劇本作家，她在 6 歲就自己學會識字閱讀，3 年後決定長大之後要當作家。

以本質而言，愛是超脫世俗的，也因為如此，它不僅是非政治的，更是反政治的，而且可能是最有力的反政治力量。

Love, by its very nature, is unworldly, and it is for this reason rather than its rarity that it is not only apolitical but antipolitical, perhaps the most powerful of all antipolitical forces.

——**漢娜・鄂蘭**（Hannah Arendt），20 世紀政治哲學家，她論及 1961 年審判納粹戰犯艾希曼（Adolf Eichmann）時，以「平庸的邪惡」來描述，為世人所知。

 氣場女神

漢娜・鄂蘭

身為政治理論家、哲學家的漢娜・鄂蘭生於德國，她走出學術的象牙塔，直接採取行動，對抗法西斯勢力的擴張。1929 年，漢娜・鄂蘭 22 歲，年華正盛，在海德堡大學攻讀神學與希臘文，獲頒博士學位。她是猶太人，所以被蓋世太保抓起來關了一陣，然後逃到巴黎，為一個猶太復國主義的組織工作，把猶太孤兒送到巴勒斯坦去，最終希望能創建一個結合阿拉伯人與猶太人的新國家。

到了 1940 年，她逃到紐約，與當地的猶太移民往來，並為猶太關係理事會工作，也擔任修肯出版社（Schocken Books）的編輯；她還是猶太文化重建會的主持人之一，

這個組織在戰後致力於恢復被納粹所迫害的猶太書寫。漢娜‧鄂蘭寫的第一本書是《極權主義的起源》（*The Origins of Totalitarianism*），她在書中指出納粹與史達林主義的元素，並梳理歐洲反猶太主義與「科學種族主義」的歷史。她後來還寫了《論革命》（*Revolution*）、《人的境況》（*The Human Condition*）、《思考與寫作》（*Thinking and Writing*），以及著名的《艾希曼在耶路撒冷：關於平庸的邪惡的報告》（*Eichmann in Jerusalem: A Report on the Banality of Evil*），這是她對納粹戰犯的探討。此外，她還針對各種主題寫了無數的文章與評論，她寫水門事件、寫越戰，也抨擊布萊希特「對史達林的禮讚」。她是普林斯頓大學第一位女性教授，也在多所大學任教，還翻譯、編輯卡夫卡的作品。漢娜‧鄂蘭是一位嚴肅的思想家，她相信革命與戰爭是支配20世紀的核心力量，認為猶太人在歐洲並沒有受到什麼有組織的排斥，也認為納粹的罪犯並非怪物，而是務實理性的人，以平庸的方式接受邪惡的指令，她因這些看法而廣為人知，但也毀譽參半。

　　漢娜鄂蘭在學術上的貢獻是難以估算的。她讓 40 年

代自外於世局紛爭之外的美國以及戰後的世界深思是什麼原因造成了大屠殺。克里克（Bernard Crick）寫了一篇文章，收在《19世紀文化推手》（*Makers of Nineteenth Century Culture*）一書中，他在文中推崇漢娜鄂蘭，說她「讓美國的知識分子不致太過流於本位主義」。

. . . .

世界上最好、最美的事是看不見、甚至聽不見的，只能用心去感受。

The best and most beautiful things in this world cannot be seen or even heard, but must be felt with the heart.

——**海倫・凱勒**（Helen Keller），她是個耳朵聽不到、眼睛看不見的人道主義者，善於啟發他人，鼓吹殘障人士的人權與女權不遺餘力。

我是一個人，而且我戀愛，有時候，我不是每一種情況都能掌控。

I'm a human being and I fall in love, and sometimes I don't have control of every situation.

——**碧昂絲**（Beyoncé），流行歌手，她的歌鼓勵了世界各地的女性；她先是以「真命天女」（Destiny's Child）的成員累積名聲，單飛之後非常成功，曾兩度在超級盃的中場演出，她也力挺「黑人的命也是命」（Black Lives Matter）運動和「禁用專橫」（Ban Bossy campaign）運動。

⟫——⟫⟫⟫⟫ 信心充電站 ⟪⟪⟪⟪——⟪

我敬愛我的伴侶
我會與我的伴侶繼續發展健康的關係
我也會讓愛找上我

愛情不是你找來的，是愛情找上你。

Love isn't something you find. Love is something that finds you.

——**洛麗泰・楊**（Loretta Young），奧斯卡獲獎女演員，

年紀還不到 5 歲時就參與了將近 100 部電影的演出。

愛情往往走上不同的結局，也總是以不同的方式展開。
Love always ends differently and it always begins differently

　　——**泰勒絲**（Taylor Swift），全球知名的鄉村音樂歌手，
她在愛情上的分合引起外界議論，也促發她的靈感，寫下多
首歌詞。

這個想法很奇怪，但只有在你看到別人很荒謬的時候，你才
了解自己有多麼愛他們。
It is a curious thought, but it is only when you see people looking ridiculous
that you realize just how much you love them.

　　——**克莉絲蒂**（Agatha Christie），偵探小說、羅曼史作家、
劇作家，她的書籍在全球已經銷售超過上億冊。

就算你在生命中最悲傷、最迷惘的時刻，你也無法掌控你愛上的人。你不會因為某人有趣就愛上他。事情就是這麼回事。

You can never control who you fall in love with, even when you're in the most sad, confused time of your life. You don't fall in love with people because they're fun. It just happens.

——克絲汀・鄧絲特（Kirsten Dunst），德裔美籍女演員，從 3 歲就開始當模特兒、表演。

從來就不是只有性而已。……這是關係到連結，關係到注視另一個人，也關乎你看待自己的孤單，以及映照回來的貧困。人若是跟別人在一起，便有了力量，能暫時排除這種孤立感。這關係到去體驗，在最低、最本能的層次上做一個人是什麼感覺。這怎麼有可能被說成跟其他的東西一樣？

It was never just sex. ... It was about connection. It was about looking at another human being and seeing your own loneliness and neediness reflected back. It was recognizing that together you had the power to temporarily banish that sense of isolation. It was about experiencing what it was to be human at the basest, most instinctive level. How could that be described as just anything?

——艾蜜莉·馬奎爾（Emily Maguire），歌手，她用寫曲來面對纖維肌痛和精神錯亂所帶來的痛苦，她跟朋友住在農場，過著自給自足的生活。

> ─────»»»» 信心充電站 ««««─────

我會跟我的伴侶溝通清楚，態度和善
我值得擁有一個健康的關係
我會一直做自己

我喜歡很有幽默感、聰明、面帶微笑的男人。他一定要逗我笑。我喜歡很有企圖心、緊迫盯人的男人，他還要有顆善良的心，讓我感覺安全。我喜歡強壯、獨立、有信心的男人……，但同時，他對人卻很和善。

I love a man with a great sense of humor and who is intelligent—a man who has a great smile. He has to make me laugh. I like a man who is very ambitious and driven and who has a good heart and makes me feel safe. I like a man who is very strong and independent and confident … but at the same time, he's very kind to people.

——**妮可‧舒辛格**（Nicole Scherzinger），國際知名歌手，擔任「X音素」（The X Factor）的評審，她最早是從選秀節目「流行明星」（Popstars）中脫穎而出，今天，她已有能力幫助其他有才華的年輕人發光發熱。

愛情是著了火的友情。它是了然於胸，彼此信賴，相互分享與寬恕。它是堅貞不移，共享美好、攜手走過困厄。它接受不完美，也原諒人的軟弱。

Love is friendship that has caught fire. It is quiet understanding, mutual confidence, sharing and forgiving. It is loyalty through good and bad times. It settles for less than perfection and makes allowances for human weaknesses.

——**安蘭德**（Ann Landers）專欄作家，以其機鋒、睿智與直言不諱而聞名，她每天都為「請問安蘭德」寫稿，前後寫了47年；她的雙胞胎姊妹也以寫專欄聞名，以「親愛的艾比」（Dear Abby）打對台。

你若能寬恕原諒，你的憤怒傷痛才得以療癒，你才能讓愛再度主導。這像是在給你的心做大掃除。

When you forgive, you heal your own anger and hurt and are able to let love lead again. It's like spring cleaning for your heart.

——**瑪西・許莫芙**（Marci Shimoff），《紐約時報》暢銷榜作家，她寫的自我成長書籍被翻譯成33種文字

你不是因為某些人完美而零缺點，所以才愛上他們；儘管他們不完美，你還是愛他們。

You don't love someone because they're perfect, you love them in spite of the fact that they're not.

——**茱迪・皮考特**（Jodi Picoult），劇作家、編輯、小說家與教師。她寫作的題材涵蓋甚廣，從猶太人大屠殺、槍枝管制到青少年自殺都有。

我看到你的完美，所以我愛你。然後，我看到不完美的你，我更愛你。

I saw that you were perfect, and so I loved you. Then I saw that you were not perfect and I loved you even more.

——**安潔莉塔・林**（Angelita Lim），她的名言廣為流傳，從枕頭到相框都可以看到。

⇒——»»»»» 信心充電站 «««««——◁

我願意對我的伴侶讓步
但我不會讓我的伴侶貶低我
我會自然的不再把焦點放在外表上

我們在小時候都夢想過，到處都有愛，每件事情的進行都柔順如絲，但現實的狀況是，婚姻需要做很多的讓步。

We all have a childhood dream that when there is love, everything goes like silk, but the reality is that marriage requires a lot of compromise.

——**拉蔻兒薇芝**（Raquel Welch），女演員、歌手，演過《洪荒浩劫》（*One Million Years B.C.*），成為銀幕上的性感象徵。

當你愛著一個人的時候，你心裡所累積的祈願開始冒出來。

When you love someone, all your saved-up wishes start coming out.

——**伊莉莎白・鮑文**（Elizabeth Bowen），她的小說與短篇故事通常寫的是中上階級的女孩，她們沒有做好準備，受到生活的磨難。

我們若是失去了愛、以及對彼此的尊重，我們最後會因此而死。

If we lose love and self-respect for each other, this is how we finally die.

——**瑪雅·安傑羅**（Maya Angelou），詩人、歌手、傳記作家、民權人士；她的成就非凡，擁有超過 50 個榮譽博士的頭銜，也寫出多本暢銷各國的書籍。

氣場女神

瑪雅·安傑羅

　　瑪格麗特·強生（Marguerite Johnson）在經濟大蕭條的時代中長大，她的童年飽嚐不景氣之苦。父母離婚後，把她送去給在阿肯色州史坦普斯（Stamps）開小雜貨店的祖母撫養。她去聖路易找媽媽，悲劇卻發生了——她媽媽交了一個男朋友，常在她家出入，也常常摸摸抱抱這個七歲的小女孩。天真無邪的瑪雅以為這是父愛。然而，她被強暴了。媽媽的男友入獄，死於獄友之手，瑪雅覺得這是她造成的，應該為此負責。她經此摧殘，罹患緊張性精神分裂症。所幸瑪雅得到家人支持，她的朋友貝塔·符勞爾絲（Bertha Flowers）帶領她進入文學的世界，才逐漸康復。

瑪雅和媽媽搬到舊金山，媽媽經營一間出租公寓，成為職業賭徒。瑪雅因此認識很多很有意思的人，自己上了學，在學校大放異彩。她 16 歲就懷孕，獨力撫養兒子，有好幾年的時間過得相當辛苦。她在一間克雷里奧餐廳打工，在聖地牙哥的酒吧當女服務生，有一段時間還當過兩個女同性戀妓女的媽媽桑。……瑪雅開始在「紫洋蔥」（Purple Onion）唱歌跳舞，「瑪雅·安傑羅」的名字就是在這裡取的，她參與《波吉與貝絲》（*Porgy and Bess*），到非洲、歐洲去巡迴。她跟高佛瑞·坎布里吉（Godfrey Cambridge）為南方基督教領袖會議合寫了《自由夜總會》（*Cabaret for Freedom*），她的才華以及對民權運動的貢獻受到馬丁路德金恩博士的注意，邀請她擔任領袖會議的協調人。

　　此後，瑪雅的事業一飛衝天。她跟兒子、情人（一個南非的自由鬥士）住在埃及，在迦納工作，為《非洲評論》（*The African Review*）撰稿。她也保持與劇場的聯繫，繼續創作、登台演出，也參與知名影集《根》（*Roots*）的拍攝。她出版了幾本詩集、劇本，還為她的自傳電影寫音樂。

　　瑪雅以《我知道籠中鳥為何歌唱》（*I Know Why the*

Caged Bird Sings）開啟了 6 本自傳的生涯,因而留名文學史。她的文筆坦率迷人、多采多姿又活力充沛,成人與年輕人都可從書中獲得啟發。

. . . .

性就跟洗臉一樣——是因為你必須做而做。只有性而沒有愛,是非常荒謬的。性隨著愛而來,絕不可能先性後愛。

Sex is like washing your face—just something you do because you have to. Sex without love is absolutely ridiculous. Sex follows love, it never precedes it.

　　——蘇菲亞・羅蘭(Sophia Loren),女演員,出身貧寒,力爭上游,成為一個演技受獎項肯定的成功明星。

我需要性,讓我容光煥發,但我寧可為了愛情而做愛。

I need sex for a clear complexion, but I'd rather do it for love.

　　——瓊・克勞馥(Joan Crawford),女演員,能不斷創造新形象,堪稱好萊塢長青樹。

說真的，性愛跟歡笑很搭，我到今天都還不曉得哪個比較重要。

Really, sex and laughter do go very well together, and I wondered—and I still do—which is more important.

——**赫米奧妮‧金葛德**（Hermione Gingold），女演員，她的情史跟電影一樣引人注意。

⟫———⟫⟫⟫⟫ 信心充電站 ⟪⟪⟪⟪———⟪

我是個充滿信心與能力的愛人
我的性趣盎然
我只有在想要的時候，才會做愛

對女性來說，最好的春藥是話語。耳朵是高潮點。想在耳朵以下尋找高潮點的人，只是白費力氣而已。

For women, the best aphrodisiacs are words. The G-spot is in the ears. He who looks for it below there is wasting his time.

——伊莎貝・阿言德（Isabel Allende），國際暢銷作家，作品被翻譯成超過 35 種文字，銷量超過 6700 萬冊。

眼睛是女人所擁有最厲害的武器之一。只需要一瞥，她就能傳遞最私密的訊息。一旦彼此之間能互通聲息，語言文字都屬多餘。

The eyes are one of the most powerful tools a woman can have. With one look, she can relay the most intimate message. After the connection is made, words cease to exist.

——珍妮佛・薩拉茲（Jennifer Salaiz），作家，她發現自己寫的羅曼史對於年輕讀者來說有點太露骨了之後，就改寫情色文學，大獲成功。

關係是努力經營來的，而不是別人許諾的。我喜歡關係；我覺得非常美妙，我覺非常棒。我覺得沒有一件事比談戀愛更棒的。但是談戀愛的理由要正當，目的要正確。你愛上某人

的時候，你要做什麼讓步？

A relationship is a relationship that has to be earned, not to be compromised for. And I love relationships; I think they're fantastically wonderful, I think they're great. I think there's nothing in the world more beautiful than falling in love. But falling in love for the right reason. Falling in love for the right purpose. When you fall in love, what is there to compromise about?

——**厄莎・基特**（Eartha Kitt），第一個唱《聖誕寶貝》（*Santa Baby*）的歌手，也是最早演《蝙蝠俠》貓女一角的女演員。

跟一萬個人建立關係，這種關係是最容易的，最難的是跟一個人建立關係。

The easiest kind of relationship is with ten thousand people, the hardest is with one.

——**瓊白雅**（Joan Baez），民歌歌手，用歌聲宣揚和平、社會正義與民權。

 氣場女神

瓊白雅

她是抱著吉他彈唱的民歌女神。她還在波士頓大學念書的時候就開始公開演唱。1960 年，只有 19 歲的她就以第一張專輯《瓊白雅》（Joan Baez）一鳴驚人。她的政治立場鮮明，從《我們終會得勝》（*We Shall Overcome*）這些歌曲可見她與民權運動的關聯，她是最著名的反越戰人士之一，同時也支持反核運動。有趣的是，瓊白雅不替女性主義發聲。「我跟女性主義沒有瓜葛。我認為全人類都處在極大的危機中，不是只有女性而已。」瓊白雅的嗓音獨特，留著一頭烏黑長髮，她為一整代的女性樹立了爭取個人自由、自決的典範。瓊白雅按著自己的信念而活——她這麼做，也鼓勵了所有的人，要遵循良知行事。

· ·

愛情的歡愉轉瞬即逝。愛情的痛苦持續長存。
Pleasure of love lasts but a moment. Pain of love lasts a lifetime.

——**貝蒂·戴維斯**（Bette Davis），女演員，她在銀幕上飾演過將近 100 個角色。

信心充電站

我單身而獨立，我對此感到滿意
我享受了許多單身的樂趣
我理應受到理解

我不認為婚姻是因為對方做了什麼而破裂。婚姻破裂是因為你為了保持婚姻狀態而變成了某個模樣。

I don't think marriages break up because of what you do to each other.
They break up because of what you must become in order to stay in them.

——**卡洛·葛麗絲**（Carol Grace），女演員兼作家，據說小說《第凡內早餐》（*Breakfast at Tiffany's*）的女主角荷莉·葛萊特莉（Holly Golightly）的靈感來自她。

成功的婚姻是跟同一個人不斷陷入情網。

A successful marriage requires falling in love many times, always with the same person.

　　——米儂・麥勞夫林（Mignon McLaughlin），編輯、劇作家、作家，她的短篇故事觸動了許多雜誌讀者的心弦。

當你找到真命天子的時候，你可以睡在他的胳肢窩上。

When you find your soulmate, you could sleep under their armpits.

　　——海瑟・米爾斯（Heather Mills），模特兒。她被警用摩托車撞倒，左腿膝蓋以下截肢，自此積極參與社會運動。

彬彬有禮的紳士會握住我的手。

男人會拉我的頭髮。

真命天子兩件事都會做。

A gentleman holds my hand. A man pulls my hair. A soulmate will do both.

　　——亞麗珊卓・托爾（Alessandra Torre），《紐約時報》

暢銷書排行榜作家，她寫的羅曼史和懸疑小說受到許多電子書讀者的歡迎。

如果性是一件這麼自然的事，怎麼會有這麼多書寫的是如何去做？

If sex is such a natural phenomenon, how come there are so many books on how to do it?

——**貝蒂‧米勒**（Bette Midler），女演員、歌手，她提出「紐約重整計畫」（New York Restoration Project），要在紐約的低收入地區種植超過 100 萬棵樹。

▷──»»»» 信心充電站 ««««──◁

我會表現出對伴侶的感激
我是個獨一無二的愛人兼伴侶
我會珍惜伴侶獨特的個人秉性

世界上的人有千百種，吻有千百種，人的排列組合也有很多種。每個人親吻的方式都不一樣——每個人交配的方式也都不一樣——但親吻比交配更具個人特色。

There are as many kinds of kisses as there are people on earth, as there are permutations and combinations of those people. No two people kiss alike—no two people f*** alike—but somehow the kiss is more personal, more individualized than the f***.

——黛安‧迪‧普里馬（Diane di Prima），教師，她是舊金山藝術療癒學院（San Francisco Institute of Magical and Healing Arts）的共同創辦人。

性感只在觀看者眼中。我認為理應如此。當然，不管我到底哪裡性感，都不是顯而易見的……至少對我來說是如此。

Sexiness is all in the eye of the beholder. I think it should be. Absolutely. My sex appeal, whatever it might be, isn't obvious ... at least to me.

——莎朗‧泰特（Sharon Tate），模特兒、女演員，還不到 30 歲就慘遭曼森家族殺害。

我是某種好女孩──而我不是。我是個好女孩，因為我真心相信愛、正直與尊重。我是個壞女孩，因為我喜歡取笑別人。我知道自己手上有性感這張牌。

I'm kind of a good girl—and I'm not. I'm a good girl because I really believe in love, integrity, and respect. I'm a bad girl because I like to tease. I know that I have sex appeal in my deck of cards.

──凱蒂‧佩芮（Katy Perry），歌手，她的暢銷歌曲有談性、也有談政治。

我知道我的性感。我對性感略知一二，我也知道如何運用它──當然，要有品味。

I know of my sex appeal. I know about sexuality, and I know how to use it—tastefully, of course.

──瑞秋‧比爾森（Rachel Bilson），女演員，她從大學輟學，受父親鼓勵投身演藝界，如今已經闖出一片天。

貞潔只有在羅曼史這種書裡才算數。

A historical romance is the only kind of book where chastity really counts.

　　——芭芭拉·卡特蘭（Barbara Cartland），多產作家，著作總數多達 700 本，她也是英國黛安娜王妃的繼祖母。

⟩⟩ ⟩⟩⟩⟩⟩ 信心充電站 ⟨⟨⟨⟨⟨ ⟨

我正在克服我對性的不安全感
我讓我的伴侶盡享魚水之歡
對性有信心，本來就是我生活的一部分

在你還沒結婚的時候，愛情是件更加美好的事。

Love is so much better when you are not married.

　　——卡拉絲（Maria Callas），國際知名的聲樂家，音域寬廣，歌聲懾人。

我需要更多的性，可以嗎？我想在死掉之前，試過每個人。

I need more sex, OK? Before I die, I wanna taste everyone in the world.

——**安潔莉娜‧裘莉**（Angelina Jolie），聯合國難民署親善大使；她跟布萊德彼特維持了長達 12 年的關係（中間也短暫結婚），被稱為「布萊潔莉娜」，受到各界矚目。

我現在會做些沒規矩的事。我很喜歡自己有點性感。

I do quite naughty things now. I do like to be a bit sexy.

——**凱莉‧米洛**（Kylie Minogue），歌壇超級巨星，她是偶然走上歌唱的路，結果寫下歷史紀錄，連續推出 20 首歌，都擠進英國流行樂排行榜前 10 名。

病態與反常對我一直都有吸引力。

Sick and perverted always appeals to me.

——**瑪丹娜**，歌手、演員、音樂製作人；她努力打拼，不斷轉換形象，在 2008 年成為全世界最有錢的女性音樂人。

瑪丹娜

　　在美國的文化圈，有人比瑪丹娜更常重新打造形象、且做得更好的嗎？她把自己的音樂、外型和公共形象當成畫布來揮灑，她的許多打扮簡直判若兩人，往往引發爭議。

　　她因為對性的態度開放，作品中常有情色意味而遭到批評。她捍衛同性戀權利，在愛滋病的議題上經常發聲，但是她雙峰挺立的胸罩受到更多媒體的注意。瑪丹娜因為支持同性戀的立場，有好幾次差點入獄，但是她仍然不改挺同立場。

1958 年，瑪丹娜‧露易絲‧維若妮卡‧齊康（Madonna Louise Veronica Ciccone）生在密西根一個天主教家庭。她的母親嚴守教規；瑪丹娜 6 歲時，母親就去世了，她在生前告訴瑪丹娜，穿前面有拉鍊的長褲，就是罪過。瑪丹娜才 10 幾歲，就一心想要出名，跑到紐約去闖蕩。她偷偷住在空屋裡，想成為舞者，後來在 1984 年以《幸運之星》（Lucky Star）一炮而紅，迄今銷售超過 1 億張唱片，演過 15 部電影，

數 10 首歌曲闖進排行榜前 10 名，寫過一本名為《性》（Sex）的書，非常有爭議性。

漂亮、有力、誠實、有母愛，這些詞都很適合用在瑪丹娜身上——她也是個商場女強人，還開了唱片公司 Maverick Records。瑪丹娜在音樂劇《艾薇塔》（Evita）飾演女主角，獲得很好的評價，自此，瑪丹娜不必再去證明自己的能力，也變得更自在、自信。

她也比以前更有活力，回首她在曼哈頓的貧困日子，她努力得來的巨星地位，還有她的一對兒女都帶給她人生的改變。她領養了幾個小孩，最近則在公開反對川普。

• •

女人沒有男人，就好像魚沒有腳踏車一樣。

A woman without a man is like a fish without a bicycle.

——**葛蘿莉亞・史坦能**（Gloria Steinem），激進主義分子、作家，創辦女性基金會（Ms. Foundation for Women），也創設全國女性政治決策會（National Women's Political Caucus）、女性行動聯盟（Women's Action Alliance）、《女

士雜誌》（*Ms. Magazine*）和《驅策》（*URGE*）。

 氣場女神
葛蘿莉亞・史坦能

　　她的名字就是女性主義的同義詞。身為第二波女性主義
的領導人，她讓人注意到女性自尊的重要。她的自我意識並
非受童年經驗所啟發，也看不出她日後會在這方面有所成
就。她在學校成績優異，也在書本和電影中找到寄託，後來
進入史密斯學院（Smith College）。她因為母親生病，沒有
受到妥善照顧，還說她母親「扮演的角色對世界並非不可或
缺」，於是開始關注女權。

　　她去印度一趟之後，開始以寫稿為業；她的目標是當政
治記者，但不久就碰到玻璃天花板。她並沒有得到跟男記者
同樣分量的任務——採訪總統候選人，寫外交政策的報導，
在 1963 年還被派去扮成兔女郎，寫一篇《花花公子》的報
導。她同意寫，心裡把它當作一篇揭露性騷擾的調查採訪報

導，但是等她寫完這篇報導之後，沒有一個編輯把她當一回事——她只是個扮成兔女郎的女孩而已。

但她繼續爭取寫政治報導，最後在 1968 年，剛創刊的《紐約》雜誌請她擔任特約編輯。雜誌社派她去報導一場激進女性主義者的集會，沒有人猜到這次會議引發翻天覆地的改變。她參與這次會議之後，成為女性主義陣營的大將，共同創辦全國女性政治決策會和女性行動聯盟。

次年，史坦能以她在新聞上的經驗，參與《女士雜誌》的創刊，這是美國第一份主流的女性主義雜誌。第一期的封面是神力女超人，在短短 8 天之內，首刷 30 萬本銷售一空，收到了 2 萬封讀者來函表示，這份雜誌說出美國女性的心聲。

她自稱「巡迴演說家與女性主義組織家」，主持《女士雜誌》達 15 年之久，刊登的一篇文章說瑪麗蓮夢露代表了 50 年代的女性，要努力達到社會的期望。

葛蘿莉亞·史坦能的本事在於能與其他的女性溝通，以共同的感受來跟姊妹們搏感情，這可以從她的回憶錄看出來。她有辦法化繁為簡，把看似複雜的問題作具體的表達，

到今天她的演講和寫作仍然很受歡迎；她對女性主義的定義很簡單：「深信女性是個完整的人」。

....

為我把屁股抬一下，我的愛人。

Lift your hips for me, love.

　　——塔赫拉・瑪斐（Tahereh Mafi），暢銷書作者，很多人問她的名字要如何發音，她乾脆在網站上貼了一段正確的唸法。

不管妳處在情感生活的哪個階段，妳都值得受到尊重，好好對待。妳有權利用自己的步調去找到、認識愛人，不管這個人是妳的真愛，還是此刻讓妳高興的人而已。妳用不著向別人證明自己——或是為自己的選擇而解釋。這是妳的感情生活。只有妳自己，才是唯一那個需要了解妳怎麼生活的人。

3

保持美麗，內外皆美

一般以為，用對方法就可以變美，其實不然。就算是在過去的短短 50 年間，社會文化對美的定義也有很大改變，在未來的 50 年間，改變甚至會更大。唯一不會變的就是：妳很美。先別對這句話嗤之以鼻。有個知名男孩團體唱過「不知道自己很美，正是讓妳變美的原因」——這絕對是錯得離譜，沒什麼好多說的。妳很美，妳應該知道這一點。

我很健康，又有吸引力
我不受負面能量所影響
我覺得自己很美

什麼是美？嗯，這跟妳是否擁有和當紅女演員或模特兒那樣的體型無關。別誤會我的意思，她們也很美，但不是因為她們散發出某種特殊的韻味。美雖然始自外表，但還要深刻得多。美在於妳的自我面貌，而非外在的容貌。不管妳是滿臉皺紋還是膚如凝脂，不管妳看起來比實際年齡更老或更年輕，不管妳又胖了幾公斤，還是怎麼吃都吃不胖，妳都是美的。

⊳──»»»»» 信心充電站 ««««« ──⊲

我內在美，外在也美
我對自己很滿意
我正面思考

每天要提醒自己，妳很美，不管妳是半信半疑，還是妳本來
就知道這件事。充滿信心，接受讚美──就算是謙遜自抑的
人也得知道，否認事實不會讓妳變得謙虛，反而讓妳變成
說謊的騙子。妳不用說「喔，不，我不是這樣」來維持別人
對妳的好感。如果妳真的相信自己不美──妳甚至相信自己
沒人緣、長得醜──那妳非得改變不可。當別人讚美妳的時
候，不管妳心裡怎麼想，妳就說「謝謝」或「我知道」就好
了，並學著欣賞自己的外表。妳一開始或許會覺得有點怪，
但妳一定做得到，也值得這麼做。

⊳———⟫⟫⟫ 信心充電站 ⟪⟪⟪———⊲

我覺得自己很好
我能接受自己的外表
我照鏡子的時候，看見了美

美不是完美，美不是沒有缺點。美不是急忙否認，也不是面對讚美，虛應故事，美也不是特定的體重或體型。美是對自己真誠，是在照鏡子的時候，感覺美好。我並不是說妳不能節食或是不能減重，也不是說妳不能化妝或在意流行時尚——我只是要妳知道，妳現在就已經夠美了。妳也許是想要更健康一點，或是為了好玩而去裝扮或做些什麼，這都很好！但妳不需要靠這些而變美。現在就做出決定，妳只要告訴自己一個事實，其他的都不用說，妳每天都要確認這個事實：妳很美。

去他的自然外貌。如果瑪麗蓮夢露堅持上帝給她的髮色,她不知道會淪落到哪裡去?

The heck with the natural look. Where would Marilyn Monroe be if she clung to the hair color God gave her?

——**阿黛兒·菈菈**(Adair Lara),得獎作家和教師,有幽默感,喜歡透過寫作與世界分享想法。

永遠不要「只出去走一走」而不把自己最好的一面呈現出來。這不是虛榮——而是自愛。

Never "just run out for a few minutes" without looking your best. This is not vanity—it's self-liking.

——**雅詩蘭黛**(Estée Lauder),女企業家,她經營的化妝品牌非常成功,她也成為全世界最富有的女性之一。

我認為自己很漂亮。我絕對不會假裝不這麼想。

I think I'm a very pretty girl. I'm never going to pretend to think otherwise.

——**蜜拉·喬娃維琪**（Milla Jovovich），知名演員。她在《惡靈古堡》（*Resident Evil*）系列電影中獵殺殭屍，在現實生活裡，也跟她在電影裡的角色一樣個性強悍。

我受夠了那些說美麗只是膚淺表象的鬼話。已經夠深啦！難不成你要一枚可愛的胰臟嗎？

I'm tired of all this nonsense about beauty being only skin-deep. That's deep enough. What do you want, an adorable pancreas?

——**琴·柯爾**（Jean Kerr），作家。頭幾部劇本的失利並沒有澆熄她的熱情，她後來開展出輝煌的寫作生涯。

服裝和勇氣之間有很大的關連，彼此相輔相成。

Clothes and courage have much to do with each other.

——**莎拉·珍妮特·鄧肯**（Sara Jeannette Duncan），記者，她遊歷世界各地，寫出許多成功作品。

⇒ ━━ »»»» 信心充電站 ««««« ━━ ⇐

我對自己的穿著感到自在
我生來就美
我知道自己擁有真正的美

我的身軀大，我的髮型也要大。

I'm a big woman. I need big hair.

　　——**艾瑞莎‧弗蘭克林**（Aretha Franklin），歌手，共拿下 18 座葛萊美獎，成就傲人；她也是第一位入選搖滾名人堂的女性藝術家。

艾瑞莎 · 弗蘭克林

　　艾瑞莎·弗蘭克林的父親克雷倫斯·拉沃恩·弗蘭克林牧師（Revered Clarence LaVaugh Franklin）是牧師，她很早就展開音樂生涯，跟著知名的父親在底特律的新浸禮會教堂唱詩歌。1950 年，8 歲的艾瑞莎獨唱，讓會眾驚豔；14 歲就灌錄了第一張福音唱片《信仰之歌》（*Songs of Faith*）。在父親及朋友的鼓勵之下，她開始朝流行音樂殿堂發展。1960 年，她決定前往紐約逐夢。

　　次年，哥倫比亞唱片公司為她發行了一張名為《艾瑞莎》（*Aretha*）的專輯，被定位為爵士歌手，唱出〈上帝保佑這孩子〉（*God Bless the Child*）、〈老人河〉（*Ol' Man River*）、〈飛越彩虹〉（*Over the Rainbow*）等經典歌曲。弗蘭克林在哥倫比亞陸續灌錄了 10 張唱片，但公司高層始終拿不定要如何包裝她。大西洋唱片公司的傑利·韋克斯勒（Jerry Wexler）一直是艾瑞莎的粉絲，等她與哥倫比亞的合約一滿，他就簽下她。韋克斯勒認定艾瑞莎是節奏藍調歌

手，艾瑞莎也欣然同意。她在大西洋發行的第一張唱片《我從未愛過一名男子》（*I Never Loved a Man*），包括暢銷金曲〈尊重〉（*Respect*），一舉攻上流行音樂及節奏藍調排行榜的雙料冠軍。1967 年，〈尊重〉更成為女性主義與黑人運動的「國歌」。

對艾瑞莎而言，〈尊重〉只是一連串金榜名曲的開端而已：〈寶貝，我愛你〉（*Baby, I Love You*）、〈自然的女人〉（*Natural Woman*）和〈一群傻子〉（*Chain of Fools*）紅遍國際，造成轟動。很快的，艾瑞莎被譽為「靈魂歌后」，以上帝賜予的天賦主宰了樂壇。

• •

我對性感的想法是「少即是多」。你露得越少，留給人們好奇的就越多。

My idea of sexy is that less is more. The less you reveal, the more people can wonder.

——**艾瑪・華森**（Emma Watson），女演員兼聯合國婦女署親善大使，最為人所知的是在《哈利波特》（*Harry*

Potter）系列電影中飾演妙麗。

我覺得自己很性感。如果你能接受這點的話，它可以是非常
優雅且吸引人的。

I see myself as sexy. If you are comfortable with it, it can be very classy and
appealing.

　　——艾莉婭（Aaliyah），歌手及演員，12 歲時就展開職業
生涯；相隔 10 年後，因為墜機而結束短暫的生命。

如果你已經 54 歲、全身都是肥肉，這時候還能穿著性感內
褲自信的跳舞，那會是一件很棒的事。

To dance confident in fringe panties when you're five-four with cellulite is a
great thing.

　　——茱兒・芭莉摩（Drew Barrymore），克服酗酒、毒癮
及狂放不羈的名聲之後重返事業高峰，成為成功的演員、製
作人和模特兒。

我喜歡把街頭風格與優雅、性感混搭在一起，稱之為「引擎蓋時尚」（hood chic）。

I like to mix the street look with classy and sexy. I call it "hood chic."

——**賈絲汀·史蓋**（Justine Skye），歌手兼模特兒，演藝事業起步於一次冒險的獻唱舉動：她母親在娛樂產業擔任律師，有次帶她一起出席 BMI 唱片公司的音樂小組會議；進行到問答的時候，她突然站起身來，要求即興試唱的機會。

⇒——»»»» 信心充電站 «««««——⟨

我天生就很性感
我擁有內在美
我是個有獨創性的人

上星期我去購物，想找一把女性防身裝備。我看遍所有相關產品之後，決定買一把點三八口徑的左輪手槍。

I went shopping last week looking for feminine protection. I looked at all the products and I decided on a .38 revolver.

——**凱倫・雷普利**（Karen Ripley），獨角喜劇演員和即興創作者，她的《告訴我哪裡受傷》（*Show Me Where It Hurts*）榮獲舊金山藝穗節最佳音樂喜劇獎。

時尚婦女是性感、機智且乾乾淨淨的。

The fashionable woman is sexy, witty, and dry-cleaned.

——**瑪莉官**（Mary Quant），歷久不衰的時尚偶像，迷你裙的開山始祖。她創設了平價的「巴薩」流行女裝店，讓她的服飾得以分享給年輕（及比較沒錢）的客群。

透過穿搭，你可以擁有任何你想要的東西。

You can have anything you want in life you dress for it.

——**艾迪絲・希德**（Edith Head），她設計的戲服為她贏得了 8 座奧斯卡獎！

當攝影師在拍照名流的時候，一定是在拍我們內在的自我，因為我的模樣總是讓我驚訝……在我心中，我真是火辣得多。

When a photographer shoots a celebrity, they must be taking photos of our inner selves, because I'm always shocked by the way I look … I'm way hotter in my own mind.

——**潘蜜拉・安德森**（Pamela Anderson），動物權利保護人士、模特兒及演員，因拍攝《花花公子》（*Playboy*）和《海灘救護隊》（*Baywatch*）而聲名大噪。

是誰說衣如其人呢？這句話真是保守啊！衣著從來就沒有閉嘴過。

Who said that clothes make a statement? What an understatement that was. Clothes never shut up.

——**蘇珊・布朗米勒**（Susan Brownmiller），作家兼演員，她提升了大眾對暴力侵害婦幼罪行的認知。

我愛我的模樣
我友善、積極又開朗
我的氣質魅力自然就能吸引人

我用分期付款買了這件外套。就是這件棕色絨面革的衣服，我覺得它棒極了，其他的都沒得比。我才買了2、3天，我家遭小偷，它也就不見了……如果你在電影裡看到我在哭，那表示我在想念它。

I put this coat on layaway. It was this brown suede thing and I thought it was fabulous, the ultimate. I had it for about two days when our house got robbed, and it was stolen. … If you see me sobbing in a movie, I'm thinking about that.

——**茱莉亞·羅勃茲**（Julia Roberts），在發現自己的頭腦不夠科學，當不了獸醫之後，轉往演藝事業發展，成為好萊塢片酬最高的演員之一。

喔，別去管時尚在流行什麼。一個人要是有自己的風格，總會比時尚好上 20 倍。

Oh, never mind the fashion. When one has a style of one's own, it is always twenty times better.

——**瑪格麗特・奧利芬特**（Margaret Oliphant），肩負撫養小孩及外甥的重擔，總共出了 100 多本書。

我盡量不要那麼性感。

I try to be as unsexy as possible.

——**達絲提・史普林菲爾德**（Dusty Springfield），知名歌手，獲選進入搖滾名人堂。

我並不是一個「性感」、「美麗」的女人。我得花很多工夫讓自己看起來像個女孩。

I'm not a "sexy" "beautiful" woman. It takes a lot of work to make me look like a girl.

——梅根・福克斯（Megan Fox），演員兼模特兒，名列許多「最性感」的排行榜，像是《男人幫》（FHM）的「當今最性感女人」（Sexiest Woman Alive）。

我真的不認為我需要堅挺的翹臀；就算長得像肉桂麵包，我也會很開心。

I really don't think I need buns of steel. I'd be happy with buns of cinnamon.

——艾倫・狄珍妮（Ellen DeGeneres），很受歡迎的喜劇演員和脫口秀主持人，拿下許多全美觀眾票選獎（People's Choice）和艾美獎（Emmy）。

▷─────»»»» 信心充電站 ««««─────◁

我相信我自己
我認為自己充滿信心且成功
我正變成一個有自信又美麗的人

性感取決於態度，而非體型。那是一種心靈狀態。

Being sexy is all about attitude, not body type. It's a state of mind.

——**阿美莎‧帕特爾**（Ameesha Patel），在經濟學及表演領域都曾獲獎。她在一夕之間爆紅，讓她決定離開金融圈，朝電影發展，開創出非常成功的演藝生涯。

光是接納你內在的自然美就已經夠了。

It's nice to just embrace the natural beauty within you.

——**維多莉亞‧賈斯提斯**（Victoria Justice），她生在佛羅里達的好萊塢，為了一圓演藝之夢，搬到加州的好萊塢，這

是她在 8 歲就懷抱的夢想。

看起來美跟跑得快一樣重要。這是滿意自己的一部份。

Looking good is almost as important as running well. It's part of feeling good about myself.

  ——「花蝴蝶」芙蘿倫絲・葛瑞菲－喬伊納（Florence Griffith-Joyner），屢創佳績的奧運選手。

 氣場女神

「花蝴蝶」葛瑞菲

  1984 年，當潔西・喬伊納－柯西（也是美國知名的田徑運動員）的哥哥艾爾－喬伊納與光彩耀目的芙蘿倫絲・葛瑞菲相遇時，她白天在一家銀行的客服部門上班，晚間還兼職美容師。這名世界級的田徑好手，在賽道上給人留下的深刻印象，不僅是「全世界最快的女人」，還有那長長的指甲和

色彩繽紛的裝扮。自從 1984 年在洛杉磯奧運輸給瓦萊麗‧布里斯科（Valerie Brisco），沒能拿到金牌之後，她原本打算放棄運動生涯。然而，在艾爾的鼓勵下，葛瑞菲重新恢復訓練。兩人開始密切交往，很快就結為夫妻。這回，葛瑞菲充滿求勝的意志，在 1988 年的漢城奧運，總共抱回 3 面金牌。有著「花蝴蝶」封號的她，在田徑場外致力於慈善事業，希望教育美國的青少年「超越夢想」，正常飲食，多運動，遠離毒品。在漢城改寫世界紀錄、勇奪金牌之後，《女士》（Ms.）雜誌寫下這段文字：「芙蘿倫絲‧葛瑞菲－喬伊納已經晉身不朽人物的行列，她之所以能提昇到非凡境界，靠的是令人讚嘆的運動成就，再加上獨特的人格與方法。」

⋯⋯⋯⋯⋯⋯⋯⋯⋯⋯⋯⋯⋯⋯⋯⋯⋯⋯⋯⋯⋯⋯

性格不是天生的，而是藉由每天的思考和行為建構而成；每個想法、每個行動，逐步形塑。如果你讓恐懼、怨恨或憤怒主宰了心靈，那等於是在把自己禁錮在鎖鏈中。

Character isn't inherited. One builds it daily by the way one thinks and acts, thought by thought, action by action. If one lets fear or hate or anger take possession of the mind, they become self-forged chains.

——海倫‧嘉哈根‧道格拉斯（Helen Gahagan Douglas），在經濟大蕭條之後，退出演藝事業，投入民主黨，開啟政治生涯。

優雅是唯一不會消褪的美。

Elegance is the only beauty that never fades.

——奧黛麗‧赫本（Audrey Hepburn），電影《第凡內早餐》（*Breakfast at Tiffany*）的女主角，得過各種表演大獎，還獲頒總統自由勳章（Presidential Medal of Freedom）。

你若能欣賞自己，就有了美。當你愛自己的時候，就是你最美麗的時候。

Beauty is when you can appreciate yourself. When you love yourself, that's when you're most beautiful.

——柔伊‧克拉維茲（Zoe Kravitz），以電影《X戰警：

第一戰》（*X-Men: First Class*）和《怪獸與葛林戴華德的罪行》
（*Fantastic Beasts: The Crimes of Grindelwald*），展現成功，擺脫父母在音樂和表演上成就的光環。

⇒──»»»» 信心充電站 «««──⇐

我照顧好自己
我以不完美成就自己的完美
我喜歡我的身體

不完美是美的，瘋狂是才華，極度荒謬勝過極度無聊。
*Imperfection is beauty, madness is genius and it's better to be absolutely
ridiculous than absolutely boring.*

──**瑪麗蓮・夢露**（Marilyn Monroe），她被攝影師發掘，抓住這個機會，改變了一生，開創出成功的模特兒及演藝生涯。

美麗有許多形式，我認為最美麗的事物就是自信與自愛。

Beauty has so many forms, and I think the most beautiful thing is confidence and loving yourself.

　　——**凱瑟**（Kiesza），在參加加拿大環球小姐選拔賽之前，服役於加拿大皇家海軍，擔任密碼破解員；參賽後，繼續朝演藝之路發展，成為創作型歌手。

我愛時尚，我愛改變風格、髮型與化妝；過去所做的一切，造就了現在的我。並不是所有人都喜歡我作的事，但當我回顧過去種種，會禁不住露出微笑。

I love fashion, and I love changing my style, my hair, my makeup, and everything I've done in the past has made me what I am now. Not everyone is going to like what I do, but I look back at everything, and it makes me smile

　　——**維多莉亞・貝克漢**（Victoria Beckham），辣妹合唱團（Spice Girls）的成員，打造出自己的時尚帝國。

對我而言，風格基本上就是把事情做好。如果你想要無法無天，你就要無法無天得有風格；如果你想要節制，就要節制得有風格。風格是沒有人能明確定義的。這就像花朵的香味，是你無法分析的。

For me, style is essentially doing things well. If you want to be outrageous, be outrageous with style. If you want to be restrained, be restrained with style. One can't specifically define style. It's like the perfume to a flower. It's a quality you can't analyze.

——**弗朗索瓦‧吉洛**（Françoise Gilot），藝術生涯極為成功，雖然前男友畢卡索曾試圖摧毀。

我大可回擊，對你說些什麼。但我寧可讓你說的話……讓它自露馬腳。而且那將成為定論。

I could clap back and say a few things to you. But instead I'll let your words … speak for themselves. And that will be the last word.

——**莎朗‧里德**（Sharon Reed），了不起的新聞主播，以自信和決心聞名。

⇒——»»»» 信心充電站 «««««——⇐

我為自己感到自豪
我打從心底接受自己
我不受負面思考所影響

有人我告誡我要穿女人的衣服；我當時拒絕，現在還是拒絕。至於其他被歸類為女性的職業，自然會有很多別的女性去做。

I was admonished to adopt feminine clothes; I refused, and still refuse. As for other avocations for women, there are plenty of other women to perform them.

——**聖女貞德**（Joan of Arc），戰爭英雄、烈士和聖人，因為身穿盔甲而被英格蘭人定罪，處以火刑。死前一年，她率領法軍在奧爾良對戰英格蘭，光榮獲勝。

美總是承諾，但從不給予任何東西。

Beauty always promises, but never gives anything.

——**西蒙娜·韋依**（Simone Weil），5 歲就拒絕吃糖，因為她知道第二次世界大戰的前線士兵無糖可吃。

你們或許已經注意到了，我的穿著打扮像個大人……在此鄭重向影藝學院道歉，我保證不會再犯。

You've probably noticed already that I'm dressed like a grown-up. ... I apologize to the Academy, and I promise that I will never do it again.

——**雪兒**（Cher），國際知名、獲獎無數的演員及歌手，展開演藝生涯不久就打響名號，成為家喻戶曉的人物。

我信守競選承諾，但我從未答應穿著絲襪。

I keep my campaign promises, but I never promised to wear stockings.

——**艾拉·葛拉索**（Ella T. Grasso），屹立政壇數 10 年，生涯顛峰是當選康乃迪克州第一位女性州長。

這就是我，我愛自己。我學會愛我自己。我一生都是如此，我欣然擁抱自我。我愛我的模樣，我愛我的豐滿體態，我愛我的強壯有力又美麗。這樣並沒有什麼不對。

It's me, and I love me. I learned to love me. I've been like this my whole life, and I embrace me. I love how I look. I love that I'm a full woman and I'm strong and I'm powerful and I'm beautiful at the same time. There's nothing wrong with that.

——小威廉絲（Serena Williams），網球選手，奪下多項大滿貫后座及奧運金牌。

⇒──»»»» 信心充電站 ««««──◁

我不要再跟別人比較
我知道自己是美麗的
我獲得內在的肯認

一抹微笑是如此性感，如此溫暖。當有人真心對你微笑時，那真是全世界最美好的感覺。

A smile is so sexy, yet so warm. When someone genuinely smiles at you, it's the greatest feeling in the world.

——曼蒂·摩兒（Mandy Moore），歌手兼演員，為迪士尼卡通的長髮公主（Princess Rapunzel）配音而聞名。

放光的方式有兩種：當一根蠟燭，或是映射燭光的鏡子。

There are two ways of spreading light. To be the candle, or the mirror that reflects it.

——伊迪絲·華頓（Edith Wharton），首位獲得普立茲小說獎的女性作家，獲選為美國藝術暨文學學院（American Academy of Arts and Letters）的終身院士，獲頒耶魯大學榮譽文學博士。

我愛丁字褲。發明它的那一天，陽光穿雲而出。

I love thongs. The day they were invented, sunshine broke through the clouds.

——**珊卓‧布拉克**（Sandra Bullock），女演員，奧斯卡金像獎得主，以電影《攻其不備》（*The Blind Side*）和《地心引力》（*Gravity*）中而聞名。

女人的衣服應該像鐵絲圍欄一樣：達到目的，但是不妨礙視線。

A woman's dress should be like a barbed-wire fence: serving its purpose without obstructing the view.

——**蘇菲亞‧羅蘭**（Sophia Loren），努力跳脫貧困家境，成為成就非凡的女演員，也是奧斯卡獎得主。

我把我的身體視為樂器，而非裝飾品。

I see my body as an instrument, rather than an ornament.

——艾拉妮絲・莫莉塞特（Alanis Morissette），另類搖滾的音樂家，9歲就寫出她第一首歌，隔年開始在尼可國際兒童頻道（Nickelodeon）演出。

親愛的，我要戴著假睫毛、濃妝艷抹入墳墓。

Honey, I am going to my grave with my eyelashes and my makeup on.

——達美・費・貝克（Tammy Faye Bakker），實境節目明星、電視福音傳道人、脫口秀主持人及作家。

妳可以看到，美麗和性感對於不同人，各有許多不同的意義。但不變的是，妳在內心擁有這兩者的事實。那些形容詞描述著妳，即便妳穿著睡衣，甚至光著身子準備洗澡；或者即便妳剛度過難熬的一天，並未保持完美的儀態和禮貌。

妳是美麗的。這樣告訴妳自己是很重要的。

4

妳在這裡工作嗎？

女人工作不一定都拿得到錢，但她們還是得工作，而且是辛苦工作。從比較傳統的照顧小孩、打理家庭，到現代的職場中擔任執行長或創業，女人總是知道要如何挽起衣袖，奮發圖強，不辭艱難困苦，完成任務。我們已經一再證明，只要是女人想做的事情，沒有做不來的。導演、行政官員、藝術家、作家、服務生、老師、教授、垃圾清運員、君王、管理階層、社會運動者——這個名單還不斷增加。只要有這個工作，就有女性能把它做好。

⇒————»»»» 信心充電站 «««««————⇔

人們信賴我的意見和專業
我的領導已經受過考驗
我是好的決策者

而且，不管妳是如何定義成功，女人的成功都是屬於自己的。我們知道自己很善於我們所做的事情，不會讓別人牽著鼻子走。妳知道嗎？妳也很會做自己所做的事情。無論妳還在學習階段，還是妳已經做了 50 年，妳都能知道，妳是有能力的，可以把工作做好。妳不只是勝任而已，妳的老闆很需要妳。妳是無可取代的。

≫──»»»» 信心充電站 «««« ──≪

我在生活的各個層面都把成功極大化
我不斷挑戰極限,得到很大的收穫
我每天都跳得更高、走得更遠

無論妳現在正在做什麼,也無論妳打算在這個位置上留 5 個月或 5 年,成功是自己創造出來的。如果對妳而言,成功是要在退休之前成為《財富》500 大公司的負責人,那就放膽去做——只要別踩在別人身上就行了。如果成功意味著教出傑出人才,那就去做個神氣的全職母親。如果成功意味著要對世界做出正向的改變,那麼——嗯,我們都有能力這麼做——就得好好想一想要如何進行。如果妳還不確定成功對妳的意義,也別苦惱,找個妳不討厭的工作,邊做邊想。

我想要成功的動機和欲望強烈
我正走在通往豐碩人生的道路
我正為自己開創美好的人生

總歸一句話,妳想做什麼,妳可以去做(但我個人的建議是,別做有違法之虞的事情)。隨著妳的成長與改變,妳對成功的定義也可能改變。但無論妳最後從事什麼行業,妳都要知道,妳有能力做出了不起的事。妳有能力達到目標,妳也會達到目標。所以,每天早上照鏡子的時候,花一點時間肯定自己的能力——也要堅定信心,妳一定會成功。

我們是如何度過每一天,當然也就等同於我們是如何度過這一生。

How we spend our days is of course, how we spend our lives.

——安妮・狄勒德（Annie Dillard），普立茲獲獎作家，她想用自己的「粗邊」（rough edges）充當開罐器，逃離這個世界。

要是我當女傭的話，也會是全澳洲最好的女傭——沒辦法，我就是要求完美。

If I'd been a housemaid I'd have been the best in Australia—I couldn't help it. It's got to be perfection for me.

——奈莉・梅爾芭（Nellie Melba），澳大利亞女高音，以其不凡人格與絕妙美聲而聞名的歌劇女伶。

在未證明不可能之前，凡事都是可能的——即便證明不可能，也只是目前不可能而已。

All things are possible until they are proved impossible—and even the impossible may only be so, as of now.

——**賽珍珠**（Pearl Buck），人道主義作家，普立茲獎得主，也是第一位獲得諾貝爾獎的美國女性。

人必須不斷試圖超越自我；這件事應該是一輩子的追求。

It is necessary to try to pass one's self always; this occupation ought to last as long as life.

——**瑞典克里斯蒂娜女王**（Christina, Queen of Sweden），讓自己的國家免於內戰而自願退位。

如果你想脫穎而出，不只要與眾不同，更要出類拔萃。

If you want to stand out don't be different, be outstanding.

——**美樂蒂・威斯特**（Meredith West），望重士林的教授，研究興趣包括人類和動物行為的發展。

⊳──»»»» 信心充電站 ««««──⊲

對我而言，沒有事情是不可能的
我全心致力於目標，堅定不移
我是個非常專注的人

重點不在於你多快爬到這裡，而在你能持續多久。

It's not how fast you get here but how long you stay.

——**佩蒂・伯格**（Petty Berg），女子職業高爾夫協會的首任會長，贏得超過 80 場巡迴賽的后冠。

如果一個人想要有所改變，就必須引起騷動，抓住世人目光。

If one is going to change things, one has to make a fuss and catch the eye of the world.

——**伊莉莎白・珍威**（Elizabeth Janeway），作家，以精湛的心理學見解及高超的寫作技巧而備受推崇，被譽為現代的珍・奧斯汀（Jane Austen）。

如果一個嬰兒很有耐性，安靜等母親來餵他；另一個嬰兒沒耐性，又哭又鬧、又踢又叫，搞得旁邊的人都受不了。嗯，我們很清楚，哪個嬰兒會先受到照料。政治史就是這麼一回事。

One baby is a patient baby, and waits indefinitely until its mother is ready to feed it. The other baby is an impatient baby and cries lustily, screams and kicks and makes everybody unpleasant until it is fed. Well, we know perfectly well which baby is attended to first. That is the whole history of politics.

——**艾米琳‧潘克斯特**（Emmeline Pankhurst），英國女權運動的領導者，創立婦女社會與政治聯盟（Women's Social and Political Union）。

機會來敲門，但我的門房卻將他趕跑。

Opportunity knocked. My doorman threw him out.

——**艾德琳‧加索夫**（Adrienne Gusoff），履歷洋洋灑灑，包括作家、幽默作家、賀卡作家及變裝打扮的生日貝果送貨員。

如果你想要一個很會表演的女子，我可以在兩秒鐘之內變成婊子。

If you want a high performance woman, I can go from zero to bitch in less than two seconds.

——**克莉絲朵・安・克勞斯**（Krystal Ann Kraus），其名言佳句啟發了很多東西，從書名到繽趣（Pinterest）交流版。

⇒──⟫⟫⟫⟫ 信心充電站 ⟪⟪⟪⟪── ⇐

我過著自己規劃的生活
我是行動派
我工作勤奮

每個成功女人的背後都有……大量的咖啡。

Behind every successful woman ... is a substantial amount of coffee.

——**史蒂芬妮・皮羅**（Stephanie Piro），藝術家兼設計師，她的漫畫出現在世界各地的報紙。

我在這麼些年來學會一件重要的事情：認真看待自己的工作跟認真看待自我是兩回事；前者是必要的，後者則會惹來大麻煩。

The one important thing I have learned over the years is the difference between taking one's work seriously and taking one's self seriously. The first is imperative and the second is disastrous.

——**瑪歌・芳婷女爵**（Dame Margot Fonteyn），她以精湛的舞技讓英國皇家芭蕾（England Royal Ballet）受到國際矚目與讚揚。

我在蘭利*找到了人生追求的目標。這就是一個數學研究員做的事。33 年來，我每天開心工作。從來沒有一天起床時抱怨不想去上班。

I found what I was looking for at Langley. This was what a research mathematician did. I went to work every day for 33 years happy. Never did I get up and say I don't want to go to work.

*譯按：Langley，美國國家航空諮詢委員會底下的研究中心

——凱薩琳・強森（Katherine Johnson），獲頒總統自由勳章，她數學上的工作表現協助美國太空人首度升入太空；她也是 3 位最早打破種族隔離政策、進入西維吉尼亞州研究所就讀的非裔美國人之一。2016 年的電影《關鍵少數》（*Hidden Figures*）中有一部分是根據她的生平而拍的。

眼光放遠一點！成為百萬富翁，不要結婚。

Think bigger! Be a millionaire, don't marry one.

　　——妮爾・梅利諾（Nell Merlino），2000 年的「富比士開拓者」（Forbes Trailblazer），為「開創百萬企業」（Make Mine a Million Business）計畫及「帶女兒上班日」（Take Our Daughters to Work Day）運動的發起人。

當鄰居男孩在靶場上吹噓自己多厲害時，我決定證明女孩也做得到。於是，我開始積極練習。

When a neighbor's boy boasted of his exploits at a shooting range, I set out to show that a girl could do as well. So I practiced a lot.

——柳米拉·帕夫里琴科（Lyudmila Pavlichenko），二次世界大戰中烏克蘭籍的蘇聯狙擊手，在 2.5 月之內擊斃 185人（戰爭結束時的狙殺人數超過 250 人）。

⇒——»»»» 信心充電站 ««««——⇐

我喜歡我的工作
並對未來的職業生涯有所期盼
沒人能讓我停下來
我正努力實現夢想

我的丈夫為了保衛祖國而犧牲。我想要復仇……為了他的死，也為了被法西斯蠻族折磨至死的蘇聯人民。為此，我把自己的積蓄——總共 5 萬盧布——存入國家銀行，用以建造坦克。我懇請將坦克命名為「奮戰女友」（Fighting Girlfriend），並把我送上前線，擔任坦克的駕駛。

My husband was killed in action defending the motherland. I want revenge … for his death and for the death of Soviet people tortured by the fascist barbarians. For this purpose I've deposited all my personal savings—50,000 rubles—to the National Bank in order to build a tank. I kindly ask to name the tank "Fighting Girlfriend" and to send me to the frontline as a driver of said tank.

——**瑪莉亞・歐克提亞布爾斯卡亞**（Mariya Oktyabrskaya），第一位被封為「蘇聯英雄」的女性。她的坦克在擊潰眾多敵軍（包括一架反坦克砲）之後受損；即便戰火未停，她還是爬出坦克，在槍林彈雨中修復，以追擊更多的納粹士兵。

如果你想要生活中擁有什麼，就得自己去獲取，因為它不會主動跑過來親你的嘴。

If you want something in life, you have to go out and get it, because it's just not going to come over and kiss you on your lips.

——芮妮‧史克羅金斯（Renee Scroggins），ESG樂團成員。她高中還沒畢業，就和姊妹及幾個朋友成立了這個樂團，由母親負責督導。

旁人無法理解，以你想要的方式錄製你想要的音樂得經過怎麼樣的爭戰。

People don't understand the kind of fight it takes to record what you want to record the way you want to record it.

——比莉‧哈樂黛（Billie Holiday），暱稱「淑女黛」（Lady Day），可說是有史以來最佳的爵士歌手之一。

如果那是好的想法……就放膽去做吧。畢竟道歉要比獲得許可容易許多。

If it's a good idea……go ahead and do it. It is much easier to apologize than it is to get permission.

——葛瑞絲‧莫瑞‧霍普（Grace Murray Hopper），程式

設計師。二次世界大戰期間加入美國海軍，日後領導團隊開發第一代電腦語言編譯器；有了她的工作成果，才有可能發展出現代的電腦程式。

我擔任「地下鐵路組織」（the Underground Railroad）的「列車長」長達 8 年；我可以說出多數列車長不敢說的話：我從未讓我的火車出軌，也不曾失去任何一名乘客。

I was the conductor of the Underground Railroad for eight years, and I can say what most conductors can't say; I never ran my train off the track and I never lost a passenger.

——哈莉特・塔布曼（Harriet Tubman），引領數百名黑奴逃向自由；之後從事多項工作，包括南北戰爭期間擔任北方聯邦的間諜。

哈莉特 · 塔布曼

哈莉特因為帶領同胞通往自由，當時就被稱為「摩西」。她自己本身也是脫逃的奴隸；在獲得自由後，她冒著危險，一次又一次完成壯舉，協助許多原本根本不知自由為何物的黑奴奔向自由。哈莉特 · 塔布曼在「地下鐵路」組織擔任「列車長」，或許是最為活躍的一位嚮導，名號不脛而走；她也是女性主義者、護士，還當過間諜。她熱衷於社會改革，包括性別和種族層面。

1821 年，她生於馬里蘭州的一處農場，小時候被監工用重物打頭，從此終生與癲癇發作奮戰，但這並沒有阻擋她從事最危險的工作：帶領黑奴北逃，獲得自由。她在慢慢復原的過程中開始禱告，思索黑人的奴役問題，自此下定決心，盡己所能為此奮鬥。1844 年，她跟自由人約翰 · 塔布曼結婚，但還是很害怕被賣到南方。她聽到自己要被賣掉的傳言，便計畫逃亡，並要約翰同行。沒想到，丈夫不僅拒絕，還威脅要告發她。

最後，哈莉特脫逃成功；但沒多久，又為了營救家人而返回南方，運用「地下鐵路」救家人，除了約翰之外——他重新娶妻，不願離開。哈莉特是個活躍的「列車長」，總共帶領 200 多名黑奴抵達安全自由之地，一路上以深沉堅定的嗓音吟唱福音歌曲來激勵「乘客」，還設計了 1 套密碼，以聖經引文和某些歌曲暗示危險狀況。哈莉特碰到有白人對這群黑人起疑時，總能化解危機。南方以 4 萬美金懸賞緝捕她，她時時處在問絞的危險下，屢屢碰到驚險場面。她有次在火車站遇上白人搜查，立刻改買南下車票，再改道北上。

　　哈莉特也開始與北方的廢奴主義者聯繫，對約翰·布朗（John Brown；兩人密謀策畫哈帕斯渡口〔Harper's Ferry〕的襲擊事件）和蘇珊·安東尼深感敬佩。南北戰爭期間，她曾擔任護士照料黑人士兵，也當過北方聯邦的間諜，甚至還發動一次對南軍的襲擊，救出 750 名黑奴。戰後，她定居於紐約州的奧本（Auburn），住的房子原來是「地下鐵路」組織的中繼站。她開始教導黑人如何面對新的自由，為窮困同胞募集食物、衣服和金錢，並設立養老院照顧老人及窮人。哈莉特晚年生活拮据，以高齡 93 歲逝世，但她達成了小時

候設定的目標，對黑奴解放做出偉大貢獻，為同胞提供希望、自由和新的開始。

∙∙

⇒→≫≫≫ 信心充電站 ≪≪≪← ⬦

我要運用我的成功來幫助他人
我有長進，也要帶領同事一起提升
我不會棄任何人於不顧

外在的成功會讓人們把我當成榜樣、模範或代表人物。就算我不喜歡或排斥這種責任，它就是會伴隨成就而來。帶給別人一種希望感是很重要的：事情是可能的，即使你來自很不同的地方，你都可以在這個世界中找到專屬於你的一席之地。

External success has to do with people who may see me as a model, or an

example, or a representative. As much as I may dislike or want to reject that responsibility, this is something that comes with public success. It's important to give others a sense of hope that it is possible and you can come from really different places in the world and find your own place in the world that's unique for yourself.

——譚恩美（Amy Tan），所著的《喜福會》（*The Joy Luck Club*）是在《紐約時報》暢銷書籍排行榜停留最久的小說之一，被翻譯成 25 種語言。

當你勤奮工作、表現優異，進而走入機會之門時，不要把門關上。你應該回過頭來，讓別人也享有那些幫助你成功的機會。

When you've worked hard, and done well, and walked through that doorway of opportunity, you do not slam it shut behind you. You reach back and you give other folks the same chances that helped you succeed.

——蜜雪兒‧歐巴馬（Michelle Obama），擔任過律師、芝加哥城市規畫發展助理委員，以及美國第一夫人。

蜜雪兒‧歐巴馬

　　蜜雪兒‧歐巴馬不僅是美國第四十四任總統的第一夫人，也是律師、作家、「動起來吧！」（Let's Move!，防止孩童肥胖的政策計畫）的發起人，以及婦女與 LGBT（包括女同性戀、男同性戀、雙性戀及跨性別者）民權的倡導者。

　　蜜雪兒‧羅賓森於 1964 年生在芝加哥，1985 年從普林斯頓大學畢業，1988 年在頂尖的哈佛大學法學院取得法律學位，隨後進入芝加哥頗負盛名的大型律師事務所「盛德」（Sidley Austin）工作。盛德通常不會聘用法學院一年級生實習，但在 1989 年，他們破例要求蜜雪兒督導一名暑期見習生巴拉克‧歐巴馬（Barack Obama）。歐巴馬完成實習返回哈佛後，兩人依舊緊密往來，並在 1992 年結婚。同時，蜜雪兒也開始審慎評估，留在律師事務所是否是她要的生涯規畫。最後，她決定離開盛德，進入芝加哥市政府；先是擔任市長助手，後來為城市規畫發展部門的主管薇樂莉‧雅雷（Valerie Jarrett）提供專業服務。蜜雪兒的工作主要是為芝

加哥的各個社區創造就業機會，開展新生命。此後她的生涯就往這個方向發展。

接著，她到芝加哥大學附設醫院擔任行政主管多年。2008 年，歐巴馬贏得總統大選，蜜雪兒成為第一夫人。在這個角色上，她為軍人家庭爭取福利，協助職業婦女在工作與家庭之間追求平衡，並提倡藝術和藝術教育。同時，蜜雪兒也大力支持 LGBT 族群的公民權利，與丈夫合作推動《禁止就業歧視法案》（*the Employment Non-Discrimination Act*）及廢止美國軍隊「不問，不說」（Don't Ask Don't Tell）的政策*。2010 年，蜜雪兒開始為美國青少年推動更健康的生活型態，以「動起來吧！」的活動計畫防止孩童過度肥胖。

* 譯按：原本美國政府不支持同性戀者參軍，柯林頓任內要求長官不問，服役者不說，只要不公開性傾向就相安無事；歐巴馬政府廢止這項政策之後，同性戀者可以正式公開服役。

我從來不想上電視或是被媒體報導。我們都有私己的生活，而成為公眾人物將破壞了它。

I never aimed to be on television or in the press. We all have a personal life, and being a public figure disrupts that.

——**范倫蒂娜・泰瑞斯科瓦**（Valentina Tereshkova），蘇聯太空人，是第一位升上太空的女性，3 天內繞地球 48 圈。

許多年輕女性展望職業前景，表示她們想成為主管。人們對職業限制的看法顯然已經有了改變。

A lot of young girls have looked to their career paths and said they'd like to be chief. There's been a change in the limits people see.

——**威爾瑪・波蘿・曼吉勒斯**（Wilma Pearl Mankillers），爭取美國原住民及婦女權利，是切羅基國（Cherokee Nation）首位女酋長。

副總統──聽起來真不賴啊！

Vice president—it has such a nice ring to it!

　　──**眾議員潔蘿汀・費拉羅**（Rep. Geraldine Ferraro），第一位被美國主要政黨提名參選副總統的女性。

⟹──»»»»　信心充電站　«««« ──◁

我激勵他人邁向成功
我在我的權位上適得其所
我的行動比言語更大聲

我不在意我的閣員說多少話──只要他們有照我說的去做就好了。

I don't mind how much my ministers talk—as long as they do what I say.

　　──**柴契爾夫人**（Margaret Thatcher），英國第一位女首相。

柴契爾夫人

　　柴契爾夫人可能會因其強硬的保守主義立場而受到抨擊，但她堅定務實的鐵腕作風，以及從雜貨店老闆女兒晉身為英國第一位女首相的歷程，在在贏得全世界的尊敬。柴契爾夫人的榮耀光環都是靠自己的努力打拚來的。勤奮讀書，讓她得以進入牛津大學；除了主修化學之外，也頭一回嚐到政治的滋味。畢業後，她繼續深造，取得法律學位，並與丹尼斯‧柴契爾結婚，很快就生下一對雙胞胎。她對保守派政治的熱情與日俱增，其熱誠與辯論長才給政黨成員留下深刻的印象。

　　1959 年當選下議院議員，自此在政黨中步步高升，在 80 年代被推選為首相，這是西方主要民主國家第一位女性領袖。她秉持強烈的反共及反浪費的立場，以堅定的決心削減政府支出；並在 1982 年，為了爭奪福克蘭群島（Falkland Islands），跌破眾人的眼鏡，出兵與阿根廷作戰。鐵一般堅韌的柴契爾夫人為自己的強悍作風下了註解：「我有超乎尋

常的耐力和過人的體力，也擁有女性死守崗位的堅定毅力，即便所有人都棄你而去，也會堅持下去。」

. . . .

對於你可以達成的目標，永遠不嫌遲。

It's never too late to be what you might have been.

——**喬治‧艾略特**（George Eliot），本名瑪麗‧安‧伊凡斯（Mary Ann Evans），擔任《威斯敏斯特評論》（*The Westminster Review*）的副主編，她的小說對人性心理探索深入。

我相信人類確實成就了不少事情，這不是因為我們聰明，而是因為我們有大拇指可以用來煮咖啡。

I believe humans get a lot done, not because we're smart, but because we have thumbs so we can make coffee.

——**芙蕾詩‧羅森伯格**（Flash Rosenberg），作家、藝術家及演員，以即興漫畫而聞名。

我從 32 歲起開始烹飪；在那之前，我就只是吃而已。

I was thirty-two when I started cooking; up until then, I just ate.

——茱莉亞・柴爾德（Julia Child），透過電視節目和食譜書籍，幫助美國專業人士及家庭主婦學會困難的法國料理。

我對金錢的了解是透過最困難的方式習得——藉由實際擁有它來學習。

What I know about money I learned the hard way—by having had it.

——瑪格麗特・赫希（Margaret Halsey），詼諧的諷刺作家，她的旅英實錄《對某些人心懷敵意》（*With Malice Toward Some*）以幽默的文筆批判英國文化；後來又把筆鋒轉向美國文化，以書寫種族關係和偏見而引人注目。

就算金錢沒有帶給你快樂，它至少會幫助你在比較舒適的條件下過著悲慘生活。

Money, if it does not bring you happiness, will at least help you be miserable in comfort.

——**海倫・格莉・布朗**（Helen Gurley Brown），在女性刊物《柯夢波丹》（*Cosmopolitan*）擔任總編輯長達三十餘年；她從不避諱談論性愛，無論在《柯夢波丹》或其他書籍。

▷——»»»» 信心充電站 «««««——◁

我熬過否定與批評
我會變得富有而成功
我有能力管好金錢

我跟金錢相處甚歡，金錢也對我感到滿意。

I'm comfortable with money and it's comfortable with me.

——**黛安娜・羅斯**（Diana Ross），獲得奧斯卡獎提名的女演員兼歌手，她有好幾首歌曲登上流行音樂排行榜，無論是在「至上女聲」（The Supremes）3 人組合或是單飛之後。

我們不知道自己是誰，直到我們發現自己能做什麼。

We don't know who we are until we see what we can do.

——瑪莎‧葛萊姆斯（Martha Grimes），撰寫英式推理小說的美國作家，在她超過 25 年的寫作生涯中，幾乎每年都至少出版 1 本書。

你要描寫的狀態，是那種其他人要花大錢才能擺脫的狀態。

The state you need to write is that state that others are paying large sums to get rid of.

——雪莉‧哈札德（Shirley Hazzard），作家，本籍澳大利亞，20 歲時與家人離開故鄉，後來取得美國公民身分。小說《金星凌日》（*The Transit of Venus*）獲得國際讚揚，並榮獲 1980 年的美國國家書評獎（National Book Critics Circle Award）。

我從來不記得害怕過觀眾。如果觀眾可以做得更好，就會變成是他們站上舞台，我則坐在底下看。

I can never remember being afraid of an audience. If the audience could do better, they'd be up here on stage and I'd be out there watching them.

——**埃索爾·摩曼**（Ethel Merman），歌手兼演員，跨足百老匯、電視到電影。

人們認為我是個超現實主義者，但我不是。我從不描繪夢境，我只畫出我自己的現實。

They thought I was a Surrealist, but I wasn't. I never painted dreams. I painted my own reality.

——**芙烈達·卡羅**（Frida Kahlo），墨西哥藝術家，在一場電車事故中受重傷之後，轉而畫自畫像，並成為政治運動人士。

芙烈達・卡羅

　　芙烈達・卡羅死後，在大眾文化的地位已經遠遠超越她的丈夫——墨西哥壁畫家迪亞哥・里維拉（Diego Rivera）。發自澎湃內心的繪畫風格，徹底打破傳統的窠臼，其濃烈力道少有藝術家能望其項背。她筆下的豐滿果肉、被撕裂的動脈、受盡折磨的生產，以及超現實、充滿意象的夢境，在在令人心生驚恐迷惑之感。她在自畫像及照片中展現的炙熱眼神讓人難忘。她散發出來的痛苦似乎來自各種傷口——心理、生理和情愛的。

　　1907 年，瑪德蓮娜・卡門・芙烈達・卡羅・卡德隆（Magdalena Carmen Frida Kahloy Calderon）生於墨西哥城郊區。7 歲時感染小兒麻痺症，阻礙了右腿的發育。父親主導她的復健，鼓勵她多運動，以恢復右腿和腳掌的強度。15 歲時，芙烈達發生車禍，電車輾碎她的脊椎、右腳和骨盆，導致終身殘廢。她的餘生都在痛苦中，經歷 35 次手術，壞疽的右腳截肢，她臥床不起，感覺自己被監禁在肉身之中。

事實上，芙烈達幾幅最偉大的作品是在靠背平躺中，利用母親為她特製的畫架所完成。

她跟世界知名畫家迪亞哥‧里維拉之間的分合戀情，也成為痛苦來源之一。兩人的交往很受大眾矚目。身處墨西哥革命運動的年代，他們都非常政治化，擁抱所謂的「墨西哥主義」（Mexicanismo）；芙烈達甚至激進到終日穿著傳統的印地安農服，打造質樸的農村形象，相當引人側目。芙烈達堅定執著於「人民的」大小事物讓她成為一個民族英雄，有些評論甚至將她比擬為印度公主或女神。即便芙烈達去世已經超過 60 年，其作品依然深深令人著迷，熱度絲毫不減。她強烈的個人風格與狂放不羈的繪畫始終抓住眾人的目光和想像。

• •

⇒━»»»»» 信心充電站 ««««━⟨

我力量也有能力
我為自己的精進而努力
我很擅長我的工作

為了娛樂大眾而寫作？這是多麼糟糕的說法啊！我寫作是為
了讓人感到焦慮可悲，讓人更吃不下飯。

Write to amuse? What an appalling suggestion! I write to make people
anxious and miserable and to worsen their indigestion.

　　——**溫蒂·寇普**（Wendy Cope），教師、作家、電視評論
員、詩人及詩作編輯，以《若我不知》（*If I Don't Know*）等
機智幽默的詩集聞名。

你表演的時候…你就是英雄。這是一種權能，人世間的榮
耀。每晚都屬於你。

When you perform … you are for minutes heroic. This is power. This is glory on earth. And this is yours nightly.

——**艾格妮絲・德米勒**（Agnes DeMille），芭蕾舞者暨編舞家，打造出敘事性更強的舞蹈語彙。

如果你樂在工作，我相信你會更有效率。

If you have fun at your job, I think you're going to be more effective.

——**梅格・惠特曼**（Meg Whitman），成功的女企業家，擔任過惠普公司及 eBay 的執行長。

常有人走的路是不會通往新草地的。

The beaten track does not lead to new pastures.

——**甘地夫人**（Indira Gandhi），努力振興農業，在政治上廣受支持，後來成為印度第三任總理。

甘地夫人

　　英迪拉・尼赫魯・甘地（Indira Nehru Gandhi）是印度首位女總理，其一生正可映照出她執政下的分裂國家。（她與聖雄甘地〔Mahatma Gandhi〕無關；其「甘地」姓氏的來源是因為丈夫費羅茲・賈漢吉爾・甘地〔Feroze Jehangir Gandhy〕為了向同志致敬而將 Gandhy 改名為 Gandhi。）她在少女時就目睹獨立的現代印度在聖雄甘地與家族親人的領導下誕生。尼赫魯出身望族，家財萬貫，1919 年認識甘地後非常感動，決定放棄所有的財產，積極投入獨立運動。英迪拉也在此時創立了「猴子軍團」（The Monkey Brigade），由少年革命分子所組成；她還因為在遊行隊伍中高舉印度國旗而被痛毆。英迪拉與家人經常拜訪聖雄甘地，據其回述：他「總出現在我的生命裡；他對我的人生發展有很大的影響力。」

　　甘地遇刺身亡後，印巴分治（以印度教為主體的印度與穆斯蘭新興國家巴基斯坦之間的分離）所造成的流血衝突

持續進行。這時，英迪拉加入印度的國民大會黨（Congress Party），開始鍛鍊自己的政治洞察力。1947年印度獨立後，她的父親尼赫魯成為首位總理；因為尼赫魯的妻子已經過世，他必須倚重英迪拉以女主人的身分出席官方場合。尼赫魯數次中風之後，英迪拉默默扮演了實質總理的角色。1964年尼赫魯逝世，她被選入印度國會的上議院；在繼位者於1966年死後，她贏得選舉，成為國大黨的主席，並進而擔任全世界最大民主政體的總理，而在這個國家，女性的權利向來不是優先的施政項目，女性的地位向來是比男性卑微。她在一夕之間成為印度上億婦女的典範。

英迪拉接手的國家正苦於飢荒、內戰、嚴重通膨及宗教叛亂。印度是全世界人口第二多的國家，她不顧身體健康，每天工作16個小時，以呼應人民的需求。她的政治路途起起伏伏；三度連任成功後沒隔幾年，在1977年下台。她的節育政策飽受爭議，受到大力攻擊，被指為政治利益交換下的畸形產物。

英迪拉始終陷於地方派系傾軋及各方利益分歧難以擺平的困境，她的執政史讀起來就像是一長串的對抗清單：暴動、

起義與革命層出不窮。她在 1984 年遇刺身亡，更說明這種
困境。印度各地的錫克教徒極端厭惡「甘地」這個名字，就
連某些英迪拉的貼身侍衛也是如此。在下令攻擊錫克教聖地
4 個月之後，英迪拉在自家花園被錫克教保鑣槍殺。

．．．．．．．．．．．．．．．．．．．．．．．．．．．．．．．．．．．．

你做得越多，你就越豐富。
The more you do, the more you are.

　　——**安琪・帕帕達吉斯**（Angie Papadakis），幽默作家，
曾任職於加州郡級和州級的教育委員會。

那麼，對妳而言，成功的意義是什麼呢？花點時間寫下來吧，或許可以用一張便利貼——我知道妳在閱讀引言的時候就開始使用；妳也可以寫在書裡。但要記得，寫在妳看得到的地方——也許是在妳選取的佳句旁邊——並確保妳會再去看它。因為，無論當妳往前邁進一步或退後三步時，如果讓目標出現在眼前，將有助於專注在妳想成就的事情——以及該如何達成。

5

我們都是一家人

「歐哈納」（Ohana，夏威夷語）的意思是「家庭」；而「家庭」就意味著沒人會被冷落……或忘掉。

　　——莉蘿（Lilo），出自《星際寶貝》（*Lilo & Stitch*）

全世界目前最大的家族住在印度；在 2016 年，光是計算一等親（爸爸、媽媽們，加子女）就超過 130 人，這還不包括 30 多名孫字輩。根據金氏世界紀錄，婦女最多生下 69 名子女：在 18 世紀的俄羅斯，有個名叫瓦西爾耶娃的女子，她沒生過單胞胎——子女全是雙胞胎、三胞胎、四胞胎。我不知道妳怎麼想，但我沒想過要生那麼多小孩。但也有女性喜歡大家庭，生 10 幾個小孩也是時有所聞。

我是個好媽媽

我喜歡跟家人相處

我是關愛孩子的媽媽

我還可以告訴妳更多關於家庭的世界或全國紀錄，但重點是家庭的重要性。一般而言，母親是許多女性扮演的最重要角色之一（我強調是其中之一）──但不是每個女性都合適當母親，因為對某些女性而言，這不是事實。它的重要性在於，每個媽媽每天都至少直接影響了一個人：她的小孩。父母如何養育孩子，影響了孩子的未來。

⊳──»»»» 信心充電站 «««««──◄

我用愛和尊重對待家人
面對家人，我充滿愛與理解
我有好好照顧孩子

家庭有許多形式和規模。並不是每個人都想要小孩，也不是每個人都會有小孩。我們有些人受不了父母，也有些人與兄弟姊妹疏遠。但我們都有家人，無論是血緣的或其他形式的。而且，每個家庭的重要性都以獨特的方式來展現。所以，妳真的應該用心讀這一章節，把我的建議好好想一想，挑出對妳有用的段落。因為，我知道每個人都有家庭——即使家裡只有毛小孩（寵物）或是只有妳一個人——但重要的是，妳對於家庭的看法必須是真心的。

⇒──⟫⟫⟫⟫ 信心充電站 ⟪⟪⟪⟪──⇐

我感謝父母
我對兄弟姊妹抱持鼓勵
我有個溫馨友愛的家庭

無論妳的家庭是什麼模樣，許多家庭的原則是共通的：付出愛、無我無私、給予家人所需的空間，等等。妳從家庭中學到的，會延伸到妳如何對待別人，從妳的老闆、朋友到在購物商場碰到的陌生人。另一方面，妳在面對外在世界得到的經驗也可能帶回家。所以，無我無私吧。給別人多一點空間──為了別人好，也為自己好。不管妳用什麼方式去愛，都要好好去愛。

把妊娠紋當成懷孕的勳章。

Think of stretch marks as pregnancy service stripes.

——**喬伊絲・阿莫爾**（Joyce Armor），她的童詩從孩子的觀點來看人生。

皺紋是遺傳的——從小孩那兒得來的。

Wrinkles are hereditary. People get them from their children.

——**桃樂絲・黛**（Doris Day），演員兼歌手，協助創立許多動物福利組織，像是「為動物行動」（Actors and Others for Animals）和「桃樂絲黛動物基金會」（Doris Day Animal Foundation）。

當媽媽很棒，但也很累。它比任何事情都需要後勤支援；你會發現自己擁有你不知道的能耐。

Motherhood is wonderful, but it's also hard work. It's the logistics more than anything. You discover you have reserves of energy you didn't know you had.

——黛博拉・梅爾曼（Deborah Mailman），雪梨劇院（Sydney Theatre Company）提供 2 年合約的 12 位演員之一，曾獲得澳洲電影協會最佳女主角（AFI Best Actress Award）。

一個女人 35（歲）之後還應該生小孩嗎？對任何人而言，35 個小孩已經夠了。

Should a woman give birth after thirty-five? Thirty-five is enough kids for anybody

——格蕾西・艾倫（Gracie Allen），女演員，她與丈夫合作的喜劇節目《伯恩斯與艾倫》（*The Burns and Allen Comedy Show*）讓家庭情境的連環喜劇廣受歡迎。

當媽媽很不容易。如果你只是想要有個很棒的小東西去愛的話，養條狗就行了。

Motherhood is tough. If you just want a wonderful little creature to love, you can get a puppy.

——**芭芭拉・華特斯**（Barbara Walters），是美國第一位在電視聯播網晚間新聞擔任主播的女性。

 氣場女神

芭芭拉・華特斯

芭芭拉生於 1929 年 9 月 25 日，是美國的廣播記者、作家及電視名人，主持的節目包括「今日秀」（The Today Show）、「觀點」（The View）、「20/20」和美國廣播公司晚間新聞（ABC Evening News）。1951 年，她就讀於莎拉・勞倫斯學院（Sarah Lawrence College）；取得英文學士學位後，先到一間小型的廣告公司工作 1 年。接著，進入國家廣播公司（NBC）聯播網在紐約市辦公室，處理公關事宜及撰寫新聞稿。後來陸續製作了幾個電視節目，包括「艾洛絲・麥克洪脫口秀」（Eloise McElhone Show）；這個節目於 1954 年停播，次年開始為哥倫比亞廣播公司晨間新聞（CBS

Morning News）撰稿。

1961 年，芭芭拉成為「今日秀」的撰稿暨研究員，事業
自此一飛沖天；後來升至「今日女孩」（Today Girl），負
責播報氣象及較為輕鬆的新聞話題。當時，「第二波」的婦
女運動才剛開始，沒有人認真考慮讓女性播報重大新聞。在
芭芭拉開始播報新聞的時候，還得面對法蘭克‧麥吉（Frank
McGee）等力主差別待遇之男主播的反彈。在麥吉過世後 1
年，NBC 才把芭芭拉提到共同主播的位置——這是美國女性
在新聞節目首次擔任主播。

芭芭拉的發展還不止於此。兩年後，她加入 ABC 的招
牌新聞節目「美國廣播公司晚間新聞」，成為美國主要聯
播網晚間新聞的第一位女性共同主播。華特斯與另一位主
播哈利‧里森納（Harry Reasoner）的關係並不融洽，因為
里森納並不想要跟別人搭檔。兩人只從 1976 年合作到 1978
年。接著，華特斯漸漸成為家喻戶曉的名字，主要因為她製
作並共同主持了 ABC 的電視新聞雜誌節目「20/20」，再加
上以時事評論員的身分出現在一些專題報導中，包括總統
就職、九一一事件等等。她還擔任總統候選人卡特（Jimmy

Carter）與福特（Gerald Ford）之間最後一場辯論會的主持
人。

　　芭芭拉的名人訪談令人印象深刻，其中包括卡斯楚
（Fidel Castro）、普丁（Vladimir Putin）、麥可・傑克森
（Michael Jackson）、凱瑟琳・赫本（Katharine Hepburn）、
安娜・溫特（Anna Wintour）和莫妮卡・陸文斯基（Monica
Lewinsky）。除了「20/20」之外，華特斯還在 1997 年催生
了完全由女性主持的時事談話性節目「觀點」；她自己也是
主持群之一，到 2014 年 5 月才卸下主持棒，退居幕後，繼
續擔任執行製作人。芭芭拉・華特斯於 1989 年被選入「電
視名人堂」（Television Hall of Fame）、2007 年獲頒「好萊
塢星光大道」（Hollywood Walk of Fame）的星形獎章。她
也榮獲了多項日間與黃金時段的艾美獎、女性電影露西獎
（Women in Film Lucy Award）及紐約女性組織聯會（New
York Women's Agenda）頒發的終身成就獎。

・・

母親的角色其實像是某種荒野，每個女人從中走出一條自己的路，有點像殉道者，有點像開路先鋒；每個女人歷經不同的轉變，某些人會有英雄感，而有些人則有流放感，遠離了原本熟悉的世界。

As it stands, motherhood is a sort of wilderness through which each woman hacks her way, part martyr, part pioneer; a turn of events from which some women derive feelings of heroism, while others experience a sense of exile from the world they knew.

——瑞秋・卡斯克（Rachel Cusk），獲獎作家，經常聚焦於家庭生活與子女養育。

▷——»»»» 信心充電站 «««——◁

我為了孩子努力工作
我是個好母親
我對家人很有耐心

別把車借給從你肚子生出來的人。

Never lend your car to anyone to whom you have given birth.

——**爾瑪・邦貝克**（Erma Bombeck），幽默作家，人氣專欄「傷透腦筋」（At Wit's End）專寫郊區的家庭主婦。

家人純屬偶然。……他們並無意惹你心煩。他們甚至不打算成為你的家人，只是剛好如此罷了。

Family is just an accident. … They don't mean to get on your nerves. They don't even mean to be your family, they just are.

——**瑪莎・諾曼**（Marsha Norman），劇作暨小說家，普立茲獎得主，作品包括百老匯版本的《紫色姊妹花》（*The Color Purple*）和《祕密花園》（*The Secret Garden*）。

永遠要對你的小孩好一點，因為你的歸宿會是他們選的。

Always be nice to your children because they are the ones who will choose your rest home.

——菲莉絲・狄勒（Phyllis Diller），將近 40 年的演員
與喜劇生涯，為她贏得美國喜劇獎（American Comedy
Award）的終身成就獎。

家人是個獨特的禮物，需要欣賞與珍惜，即便他們快把你弄
瘋了。不管他們如何讓你瘋狂、干擾你、惹毛你、咒罵你或
試圖控制你，他們都是最了解你並深愛你的人。

*Family is a unique gift that needs to be appreciated and treasured, even
when they're driving you crazy. As much as they make you mad, interrupt
you, annoy you, curse at you, try to control you, these are the people who
know you the best and who love you.*

——珍娜・摩拉斯卡（Jenna Morasca），在成為電視實境
競賽節目《我要活下去》（*Survivor*）最年輕的得主之後，
朝模特兒生涯發展。

家庭是世界上最重要的事物。

Family is the most important thing in the world.

　　——**英國黛安娜王妃**（Princess Diana），人氣之高，無人能比，與她從事的慈善活動以及對孩童的關愛相映成輝。

對我而言，在家陪女兒就是奢侈享受，偶爾來點按摩也不錯。

To me luxury is to be at home with my daughter, and the occasional massage doesn't hurt.

　　——**奧莉薇亞‧紐頓強**（Olivia Newton-John），演員兼歌手，以電影《火爆浪子》（*Grease*）中珊蒂（Sandy）的角色聞名。

⊃──»»»» 信心充電站 ««««──⊂

我知道家庭的重要性
我細聽小孩要說的話
我珍惜我的家人

我的房子非常傳統。我喜愛「老舊時尚」（shabby chic），
那充滿了溫馨舒適的情趣。我們其實在廚房度過了很多時
光；小孩放學，有時也在那兒做做功課。我很喜歡我的廚房。
*My house is very traditional. And I love "shabby chic." It's a very homey-
cosy vibe. We spend a lot of time in the kitchen, actually; maybe my kids
will be doing their homework or that kind of thing when they get home
from school. I love my kitchen.*

　　──布蘭妮・史皮爾斯（Britney Spears），青少年時期就
走上演藝之路，事業有成，有 6 張專輯登上告示牌兩百大排
行榜（Billboard 200）第一名。

你應該知道，這是我真正想要的。我很想要個兒子或女兒。於是，我們領養了 1 個兒子。這真是一生中最美好的事。我想，唯一會讓莫瑞（Maury）和我不好過的是那些難以入眠的夜晚。

I think, you know, it was something that I really wanted. I wanted so much to have a son or daughter. We adopted a son. And it was just the most wonderful thing. I think the only thing that was difficult for both Maury and myself were the sleepless nights.

　　——宗毓華（Connie Chung），獲獎新聞主播，是最早在美國主要電視聯播網擔任新聞共同主播的女性之一。

我一生只做兩件事：顧好小孩和工作。所幸這都是我喜愛的事情，所以都能應付得宜。

I only do two things in my life, and that's take care of my kids and work. Fortunately, these are my favorite things to do, so it works out.

　　——寶拉・龐德史東（Paula Poundstone），是第一位在白宮記者晚宴中表演單人脫口秀的女性。

所有那些關於懷孕生子、為人母親的陳腔濫調——都是真
的。這一切都是你會經歷過最美好的事情。

All those clichés, those things you hear about having a baby and
motherhood—all of them are true. And all of them are the most beautiful
things you will ever experience.

　　——**潘妮洛普·克魯茲**（Penelope Cruz），曾獲奧斯卡獎
的女演員，知名作品包括《情遇巴塞隆納》（*Vicky Cristina*
Barcelona）和《香草天空》（*Vanilla Sky*）。

天下的父母都希望子女能飛黃騰達、才德兼具、幸福快樂。
但最重要的是，父母最期盼的是你們的平安——不受疾病、
暴力與自我毀滅所害。

All parents want their offspring to be exemplars of virtue and achievement
and happiness. But most of all, we want desperately for you to be safe—
safe from disease and violence and self-destruction.

　　——**艾絲黛兒·拉梅**（Estelle Ramey），教授，研究人員，
發表的論文包括《男性的脆弱》（*Fragility of the Male Sex*）

及《男性的「經期」——他們也有的》（*Male Cycles – They Have Them Too*）。

⟫⟫⟫ 信心充電站 ⟪⟪⟪

身為母親是件美好的事情
我很享受與家人共處的時光
我很感激父母為我做的一切

身為人母最讓我喜歡的部分是那傾瀉而來的愛，美麗而不帶任何評價。我的女兒就是能讓我開心，她也讓我再度成為小孩。

My favorite thing about motherhood is the outpouring of love that is non-judgmental and beautiful. My daughter just makes me happy, and she motivates me to be a kid again.

——克莉絲汀・蜜莉恩（Christina Milian），演員兼歌手，以電影《舊愛找麻煩》（*Ghosts of Girlfriends Past*）和暢銷歌曲〈*Dip It Low*〉聞名。

對我們而言，家人的意義就是彼此摟著胳臂連結在一起。

To us, family means putting your arms around each other and being there.

——芭芭拉・布希（Barbara Bush），1988 年至 1992 年的美國第一夫人。兒子尼爾（Neil）的閱讀障礙激發她正視文盲問題，進而於 1989 年成立「芭芭拉・布希家庭掃盲基金會」（Barbara Bush Foundation for Family Literacy）。

我愛家人，愛小孩……但在內心深處，我獨自居住，那裡泉源常保清新，永不枯竭。

I love family, my children … but inside myself is a place where I live all alone and that's where you renew your springs that never dry up.

——**賽珍珠**（Pearl Buck），人道主義作家，普立茲獎及諾貝爾文學獎得主，是第一位獲得諾貝爾獎的美國女性。

我相信你能給家人及世界最棒的禮物就是一個健康的你。
I believe that the greatest gift you can give your family and the world is a healthy you.

——**喬伊絲・邁爾**（Joyce Meyer），作家、電視主持人、廣播主持人，以及宗教多媒體非營利組織「喬伊絲・邁爾事工」（Joyce Meyer Ministries）的主席。

我錯過的一件大事就是沒有小孩。我猜，這是命中注定吧。
The one thing I missed was never having children. It just wasn't in the cards, I guess.

——**珍妮特・麥唐納**（Jeanette MacDonald），演員兼歌手，「古典跨界」藝人，融合了歌劇、輕歌劇、百老匯音樂劇及藝術歌曲。

孩童之母。

Mother of the Children

　　——這是法蒂瑪·菲赫利（Fatima al-Fihri）的尊稱，她在
摩洛哥的菲斯城（Fez）創立卡魯因大學（Al-Qarawiyyin），
那是全世界最古老的大學（已經運作了 1200 年！）。

家人不只是血緣關係
我的家人希望我快樂
我是一個很棒的職業婦女

　　我的母親一直是全職的家庭主婦，我大概到了 11 歲，她才
出去上班——彷彿從她內心散發出亮光。對事業充滿熱情並
沒有錯。當你熱愛你所做的事情，你會把那種振奮帶回家。

My mother was a stay-at-home mom until I was about eleven, when she
got a job—and it was like a light came on inside her. It's not wrong to be

passionate about your career. When you love what you do, you bring that stimulation back to your family.

——艾莉森・皮爾森（Allison Pearson），新聞記者及作家，曾獲英國圖書年度新人獎（British Book Awards Newcomer of the Year）。

對自己和自己的幸福負責可以給孩子帶來很大的自由。……看著父母完全擁抱生命，孩子就像是得到了許可一般，可以做相同的事；同樣的，看著父母受苦，孩子也會以為痛苦就是生命之所在。

Taking responsibility for yourself and your happiness gives great freedom to children. ... Seeing a parent fully embrace life gives the child permission to do the same, just as seeing a parent suffer indicates to the child that suffering is what life is about.

——蘿賓・諾伍德（Robin Norwood），婚姻、家庭與孩童治療師，專門研究成癮症及不健康關係的模式與後果。

我在家裡有個辦公室，另外還有 1 間、離家大約 5 分鐘。這樣居家工作了好幾年，直到有小孩之後，發現我必須到不同郵遞區號的地方去思考。

I have an office in my house and one about five minutes from my house. I worked solely out of my house for many years, but find, with children, that I have to be in a different ZIP code to think.

——凱西‧蓋茲威特（Cathy Guisewite），知名漫畫家，以《凱西》（*Cathy*）廣受歡迎，連載了 30 多年。

母親的角色教導我活在當下與和睦共處的意義。孩子不想昨天的事，也不思考明天；他們只活在當下。

Motherhood has taught me the meaning of living in the moment and being at peace. Children don't think about yesterday, and they don't think about tomorrow. They just exist in the moment.

——潔薩琳‧吉爾西格（Jessalyn Gilsig），電視演員，以影集《勝利之光》（*Friday Night Lights*）和《律師本色》（*The Practice*）聞名。

我來自非常樸素的家庭。我們沒有太多東西，但母親總會想辦法解決問題。而且，我們總是在唱歌。

I come from a very original family. We didn't have much, but my mother always figured something out. And we were always singing.

——芙蕾迪・歐瓦史特根（Freddie Oversteegen），二戰期間荷蘭反抗軍成員；她和姊姊會利用美色與失去戒心的納粹走狗調情，把他們引誘到反抗軍埋伏的樹林中，予以射殺。

⊃──»»»» 信心充電站 ««««──⊂

我會花時間與小孩共處
家人欣賞我的作為
我以身作則

我的小孩並不高貴；他們只是剛好有個阿姨是女王而已。

My children are not royal; they just happen to have the Queen for their aunt.

——英國瑪格麗特公主（Margaret, Princess of England），曾在好幾個軍事單位擔任指揮官，並熱衷參與 80 多個不同的慈善團體與組織，涵蓋範圍從皇家芭蕾舞團（Royal Ballet）到全英虐童防治協會（National Society for the Prevention of Cruelty to Children）。

要說母親教我什麼的話，那就是如何從困境中成長茁壯。這就是我想說的。

If anything, my mother taught me how to sur-thrive. That's my word for it.

——嘉莉・費雪（Carrie Fisher），全球知名的演員、小說家及編劇，在《星際大戰》（*Star Wars*）飾演莉亞公主（Princess Liea）一角而聲名大噪。

有時候，母親的力量超越自然法則。

Sometimes the strength of motherhood is greater than natural laws.

——芭芭拉・金索沃（Barbara Kingsolver），科學作家

與小說家，設立「前導者小說獎」（Bellwether Prize for Fiction）。

妻子與母親聽起來雖然親切，但卻是短暫而偶然的；而人的身分則更為優先崇高，超越其他。

Above the titles of wife and mother, which, although dear, are transitory and accidental, there is the title human being, which precedes and outranks every other.

——**瑪莉·艾希頓·利佛摩爾**（Mary Ashton Livermore），婦權運動者，擔任過婦女協進會（Association for the Advancement of Women）和美國婦權協會（American Woman Suffrage Association）的會長。

大體而言，母親與家庭主婦是唯一沒有定期休息的勞務者。她們是偉大的無假階級。

By and large, mothers and housewives are the only workers who do not have regular time off. They are the great vacationless class.

——林白夫人（Anne Morrow Lindbergh），滑翔機駕駛，寫了 20 多本書。

≫———»»»»» 信心充電站 «««««———≪

我在家人身上練習無私
我的生活因為孩子而變得更好
與家人小別，對我是沒問題的

母親的自然狀態就是無私。當你當了母親，你就不再是自我宇宙的中心。你會把位置讓給孩子。

The natural state of motherhood is unselfishness. When you become a mother, you are no longer the center of your own universe. You relinquish that position to your children.

──**潔西卡・蘭芝**（Jessica Lange），模特兒，也是得過奧斯卡金像獎的女演員，演過《金剛》（*King Kong*）與《藍天》（*Blue Sky*）。

當歌手，一切都跟我有關，全以自我為中心。當母親，則是全然忘我──這是兩個不同的世界。

Being a singer is all about me. About ego. Being a mom is all about being selfless—two different worlds.

──**關・史蒂芬妮**（Gwen Stefani），得過多項葛萊美獎的女歌手，也是時裝設計師。

母親的角色絕對改變我和我的生活。實在太驚人了，就連小小細節也有劇烈的變化──而且是以如此神奇的方式呈現。甚至有些轉變有點蠢，比如從前我手機裡的照片都是拍自己──我知道，這很自負！──但現在，裡面的每張照片都是（兒子）梅森。

Motherhood has most definitely changed me and my life. It's so crazy how drastic even the small details change—in such an amazing way. Even silly things, like the fact that all of my pictures on my cell phone used to be of me at photo shoots—conceited, I know!—but now every single picture on my phone is of Mason.

　　——寇特妮・卡達珊（Kourtney Kardashian），實境節目明星，以《拜金女新體驗》（*The Simple Life*）和《與卡達珊同行》（*Keeping up with the Kardashians*）聞名。

沒有什麼比得上回家跟家人一起吃美食，放鬆心情。
Nothing is better than going home to family and eating good food and relaxing.

　　——伊莉娜・沙伊克（Irina Shayk），模特兒兼演員，因《體育畫報》（*Sports Illustrated*）的寫真作品及現身「維多利亞的祕密時尚秀」（*Victoria's Secret Fashion Show*）而成名。

我想跟母親維持良好的關係，我明白我有兩個選擇：要嘛把時間都花在生氣，氣她不擁抱我；要嘛試圖理解她擁抱的方式不同。她的擁抱不是那種張開雙臂「迎接式」的擁抱；她是為了保護我不陷入她擔憂的狀況而擁抱我。

I wanted a good relationship with my mother, and I realized I had a choice: Either I could spend all my time angry that she didn't give me the hugs I thought I needed, or I could understand that she hugs differently. It's not a spread-open-the-arms, 'come here' hug. She hugs by sheltering me from her worries.

　　──錢德拉‧威爾森（Chandra Wilson），獲獎的女演員兼歌手，以飾演《實習醫生》（*Grey's Anatomy*）影集及百老匯重演音樂劇《芝加哥》（*Chicago*）中的角色而聞名。

⟹──»»»» 信心充電站 «««« ──⟸

我是正面的模範角色
我能提供所需
我為家人所做的已經足夠

生小孩一直是我最大的恐懼之一，但有了（女兒）布露
（Blue）之後，我不得不面對。現在，我知道我所擁有的力
量。她教我把注意力集中在真正重要的事情，像是家人，珍
惜每個片刻，因為它們稍縱即逝。

Giving birth was one of my biggest fears, and having Blue forced me to face
it. And now I recognize the strength I have. She teaches me to focus on the
things that truly matter, like family, and to pay attention to each moment,
because they go by so quickly.

──**碧昂絲**（Beyoncé），她的歌讓全世界的女性聽了就充
滿力量。

碧昂絲

　　1981 年，碧昂絲生於德州休斯頓，1990 年加入 R&B 女子團體「少女時光」（Girl's Tyme）；歷經幾次更名後，1996 年以「天命真女」（Destiny's Child）的名號正式出道。挾著多首暢銷單曲的氣勢，「天命真女」逐漸走紅；碧昂絲也開始醞釀單飛，於 2003 年發行個人專輯，從此不再回頭。她在美式足球「超級盃」（Super Bowl）的盛會演唱過兩次，也在歐巴馬總統第二任就職時獻唱國歌。碧昂絲於 2013 年接受《時尚》（Vogue）雜誌訪問時表示，她把自己定位為「當代的女性主義者」。同年，歌曲〈完美無缺〉（Flawless）引用奈及利亞作家奇瑪曼達・恩格茲・阿迪契（Chimamanda Ngozi Adichie）於 TEDx 論壇發表之名為「我們都應該是女權主義者」（We Should All Be Feminists）的演講內容。

　　自「黑人命也是命」（Black Lives Matter）運動崛起以來，碧昂絲和丈夫已經捐了好幾百萬美元；同時，她也熱衷參與「抵制女強人字眼」（Ban Bossy）的活動，希望藉由社群

及其他媒體鼓勵女性擔當領導者。2016 年 4 月，碧昂絲發行名為《檸檬特調》（Lemonade）的視覺專輯，並在 HBO 頻道錄製特別節目。在音樂影片中展現了非裔美國女性及女性整體的各種力量。在《檸檬特調》登上排行榜首之際，碧昂絲成為有史以來唯一頭 6 張錄音室專輯都榮登告示牌專輯排行榜第一名的藝人。

．．．．．．．．．．．．．．．．．．．．．．．．．．．．．．．．．．

身為家庭主婦，我感覺只要丈夫下班回家時，孩子依然平安活著，嘿，那我就算盡到本分了。

As a housewife, I feel that if the kids are still alive when my husband gets home from work, then hey, I've done my job.

——**羅珊・巴爾**（Roseanne Barr），曾獲艾美獎的女演員，以喜劇影集《我愛羅珊》（*Roseanne*）聞名。

這些麻煩的小寶貝沒準備好是不會冒出來的。

These wretched babies don't come until they are ready.

——**英國女王伊莉莎白二世**（Elizabeth II, Queen of England），在位時期已經超過 60 年（還在持續增加！），是英國史上在位最長的君王。

當母親是件美妙的事——把它浪費在孩子身上真是可惜啊。

Motherhood is a wonderful thing—what a pity to waste it on children.

——**茱蒂・普**（Judith Pugh），獲獎作家、藝術商及詩人，以《不平靜的生活》（*Unstill Life*）而聞名。

不管妳的家庭是什麼樣子，妳都要知道：就像成功或美麗沒有所謂正確的方式，相愛也沒有正確的方法。所以，如果以上的引言短語都無法打動妳，讓妳特別想抄在紙片，貼在牆上，那麼就坐下來，花幾分鐘的時間好好想一想妳的家人。妳的家人是誰？他們住在哪裡？他們現在是什麼模樣？腦中浮現家人身影的同時，想想妳希望如何對待他們、希望跟他們保持怎樣的互動強度，以及妳對他們說的話語有多高的評價？妳在想的時候，請寫下妳的話語。答案無所謂對錯，妳只要把適合自己的想法寫下來就好了。

6

沒人攔得了妳

妳有看到這一章的標題嗎？沒人攔得了妳。沒錯，就是現在正在讀這本書的妳。妳真的是如此。妳不需要每天特別去感受它；只要是妳活著呼吸的每一天，都在證明沒人攔得了妳——妳拒絕被阻擋。

⇒——»»»»» 信心充電站 «««««——⇐

沒人攔得了我
我會竭盡所能，讓世界變得更好
我從每一個挫折中學習

每次挫折都會教妳一些有助於向前躍進的東西；每個輕率的批評都為妳的發光發熱添柴火；那些認為妳不行的人，妳會證明他們錯了。到最後，連這些都不重要了。沒錯，那些壓抑妳、阻止妳追求目標和夢想的人並不重要；因為他們只是滿口胡言而已。如果他們關上一扇門，就去開別扇門；如果他們把那扇門也關上，就把窗戶打破。殺出一條血路，帶著姊妹一起奮戰。

➣———»»»» 信心充電站 «««———➣

我會把所有的批評當成改善的動力
我不會被負面刺激影響
我也不會動搖

因為我們不會動搖。來，跟我說一遍：我們不會動搖。我們
不會輕舉妄動，除非是自己想動。我們不會被撕裂，除非是
我們自己想要重新振作，去除負面能量和虛妄的批評。我們
不會輕易流淚，除非淚水把我們帶向勝利。

**我踏出的每一步，都是在正確的方向上
我會從錯誤中學習，繼續向前
我正在改變世界**

所以，要肯定自己。肯定自己的能力，因為妳確實有能力；
肯定自己正在改變世界，因為妳確實如此；肯定自己正在實
現目標，因為妳確實如此。把妳的目標寫下來，讓全世界都
看得見——貼得到處都是、設定在電腦螢幕保護程式，錄在
電話留言中。因為妳會實現的。會阻礙妳的就只有妳自己，
所以，趕快行動吧。妳能做到——而且，妳一定做得到。

我自由了，因為我最怕的事情已經發生，但我還是有個女兒、有一台舊打字機，還有滿腦子的想法。所以，跌到谷底反倒成為重建生活的堅實基礎。

I was set free because my greatest fear had been realized, and I still had a daughter who I adored, and I had an old typewriter and a big idea. And so rock bottom became a solid foundation on which I rebuilt my life.

——**羅琳**（J. K. Rowling），暢銷作家及電影編劇，《哈利波特》（*Harry Potter*）系列激發了無數孩童與成年人。

有些星星早已毀滅，但地球上依然可見其閃亮星光。有些人的輝煌成就持續照亮世界，即使他們已經不在人間。夜越是黑，這些光芒顯得越明亮，照亮了人類的道路。

There are stars whose radiance is visible on Earth though they have long been extinct. There are people whose brilliance continues to light the world even though they are no longer among the living. These lights are particularly bright when the night is dark. They light the way for humankind.

——漢娜·西納茲（Hannah Szenes），猶太女詩人，後投入軍旅。二戰期間被納粹軍隊俘虜，即使面對行刑隊處決的威嚇，也不透露任何情報。

所以，我——眾人中的一個女孩——站在這裡。我不是為我自己說話，而是為了那些聲音無法被聽見的人，那些為權利奮戰的人。他們所爭取的是和平生存的權利、被尊嚴對待的權利、機會平等的權利，以及接受教育的權利。

So here I stand, one girl among many. I speak not for myself, but so those without a voice can be heard. Those who have fought for their rights. Their right to live in peace. Their right to be treated with dignity. Their right to equality of opportunity. Their right to be educated.

——瑪拉拉·尤蘇芙札（Malala Yousafzai），提倡婦女教育的行動家，2014 年諾貝爾和平獎得主。曾遭人暗殺，但倖免於難。她不退縮，持續奮戰。

瑪拉拉・尤蘇芙札

　　瑪拉拉・尤蘇芙札是爭取女性教育與權利的巴基斯坦運動家，也是諾貝爾和平獎最年輕的得主。當她聽到英國廣播公司（BBC）烏爾都語（Urdu）新聞，要徵求一名住在被塔利班（Taliban）勢力入侵之史瓦特山谷（Swat Valley）的女學生，匿名寫部落格來記錄自己的生活（原先有個女孩答應了，但後來因為家人害怕塔利班而改變心意）；瑪拉拉當時只是個七年級的學生，但她還是決定挺身而出，接下這份工作。電台的人員堅持，她使用化名「高爾・馬凱」（Gul Makai），在烏爾都語裡，這是「矢車菊」的意思。

　　瑪拉拉用筆寫稿，然後交給記者，記者將它掃描之後，再用電子郵件寄到 BBC 烏爾都語站。2009 年 1 月 3 日，刊登了她第一份手稿：描述巴基斯坦軍隊進軍史瓦特山谷時，塔利班是如何關閉女子學校的。1 月 15 日，塔利班正式發布不准女子上學的禁令——此時，他們已經炸毀了 100 多間女校。禁令實施後，摧毀行動持續進行。過了幾個星期，

女孩獲允復學，但只能到男女同校的地方，女校依然關閉；在暴力氣氛高漲的環境中，只有極少數的女孩回到學校。2月18日，當地的塔利班領袖毛拉納・法茲魯拉（Maulana Fazlulla）宣布，在3月17日考試前女孩可以上學，但必須穿著傳統罩袍。

　　瑪拉拉在2009年3月12日完成為BBC撰寫的部落格系列文章，有一名《紐約時報》（*New York Times*）的記者找到瑪拉拉和父親，問她能否在紀錄片中露臉。此時，軍事行動，當地動盪不安，迫使其家鄉明戈拉（Mingora）全城疏散，瑪拉拉被送到鄉下的親戚家去住。7月下旬，家人才得以團聚。拍了紀錄片後，瑪拉拉開始接受幾家主要媒體訪問。2009年末，她在BBC撰寫部落格的身分曝光，國際知名度大增，並榮獲巴基斯坦首屆國家青年和平獎（National Youth Peace Prize；沒多久就更名為「國家瑪拉拉和平獎」）。隨著事態發展，她於2012年開始籌組瑪拉拉教育基金會（Malala Education Foundation），目的是要幫助經濟弱勢的女孩就學。然而，那年夏天，一群塔利班的領導人決議暗殺她——而且是無異議全數通過。10月間，當瑪拉拉搭校車返

家時，有一名蒙面槍手向她射擊，子彈貫穿她的頭部、頸部和肩膀，還波及另外 2 名女孩。

　　奄奄一息的瑪拉拉立即被直升機送往白沙瓦（Peshawar）的醫院，醫生花了 5 個小時才把子彈從頭部取出。接著，巴基斯坦政府出資讓她在歐洲接受治療。康復之後，她繼續為女子教育及婦女一般權益發聲。17 歲時，她因為致力於孩童與青少年的貢獻而獲得 2014 年諾貝爾和平獎，與她共同獲獎的是來自印度的兒童權利運動家凱拉西・沙提雅提（Kailash Satyarthi）。瑪拉拉是有史以來最年輕的諾貝爾獎得主。同年，她還獲頒加拿大新斯科細亞省國王學院大學（University of King's College）的榮譽博士學位。18 歲生日那天，她在黎巴嫩靠近敘利亞邊境開設專收敘利亞難民（特別是 10 幾歲的女孩）的學校，經費來自瑪拉拉基金會。

・・

我並不好笑，我是勇敢。

I'm not funny. What I am is brave.

——**露西・鮑爾**（Lucille Ball），她主演的電視影集《我愛露西》（*I Love Lucy*）是最早的家庭情境喜劇之一；所涵蓋的議題包括懷孕、婚姻、職業婦女及郊區生活，當時都頗有爭議性。

偶爾把我們底下的道具都拉出來看看，這是件好事；這樣可以感受一下，腳踩著石頭是什麼感覺，踩在沙子上又是什麼感覺。

It's a good thing to have all the props pulled out from under us occasionally. It gives us some sense of what is rock under our feet, and what is sand.

——**麥德琳・蘭歌**（Madeleine L'Engle），作家兼詩人，她寫的童書鼓勵人要有獨特個性與勇氣。

⊳──⟩⟩⟩⟩ 信心充電站 ⟨⟨⟨⟨──⊲

我可以承受內心最大的恐懼
我有重要的事情要說
我勇敢面對恐懼

把貶抑自我這個想法內化，總會造成很大的痛苦和怨恨。這股怒氣要不是落在自己身上——讓自己變得不受歡迎，就是轉嫁在其他女性身上——強化社會對女性的刻板印象。只有透過政治意識的覺醒，才能直指源頭——社會體系。

Internalization of a derogatory self-concept always results in a good deal of bitterness and resentment. This anger is usually either turned in on the self—making one an unpleasant person, or on other women—reinforcing the social clichés about them. Only with political consciousness is it directed at the source—the social system.

──**喬・佛利曼**（Jo Freeman），律師，參與加州大學柏克萊校區的和平示威，有助於提升全美大學的言論自由。

當人們告訴你，你的母親不再是總理時，你只需轉身回應：
「所以呢？你的母親是多常當總理呀？」

*If people tell you your mother is not Prime Minister anymore, you just
turn around and say, "So what? How often has your mother been Prime
Minister?"*

——班娜姬‧布托（Benazir Bhutto），巴基斯坦第一位女
總理，她在子女即將返校時提出這樣的建議。

成功的競爭者都想要贏；頂尖高手則是不惜代價的要贏。

Successful competitors want to win. Head cases want to win at all costs.

——南西‧羅培茲（Nancy Lopez），榮獲女子運動基金會
（Women's Sports Foundation）頒發的「比莉珍金傑出貢獻獎」
（Billie Jean King Contribution Award）。她在高球生涯中 4
度拿下女子職業高爾夫球協會年度最佳球員獎（LPGA Player
of the Year）。

不要灑尿在我腿上，然後告訴我天在下雨。

Don't Pee On My Leg and Tell Me It's Raining

　　——這是法官茱蒂·謝德林（Judy Sheindlin）第一本書的書名，她的電視節目《法官茱蒂》（*Judge Judy*）結合了正義與娛樂。

如果你總是做你感興趣的事，那麼至少有一個人是開心的。

If you always do what interest you, at least one person is pleased.

　　——凱瑟琳·赫本（Katharine Hepburn），演藝界的傳奇人物，獲得 4 座奧斯卡最佳女主角獎。

千萬別放棄嘗試你真正想做的事情。我不認為在有愛和靈感的地方，你會出什麼差錯。

Just don't give up trying to do what you really want to do. Where there is love and inspiration, I don't think you can go wrong.

──艾拉‧費茲傑羅（Ella Fitzgerald），第一位贏得葛萊美獎的非裔美國女性；她唱的爵士歌曲總計奪下 21 座葛萊美獎。

⟫───»»»» 信心充電站 «««««───⟨

我體貼自己和別人
我是唯一需要理解自己選擇的人
我會做我喜歡的事

在生命走到盡頭之際──在你的生命結束之際，會顯露什麼樣的本質？你為這世界做了什麼？別人在追憶你時，會用什麼樣的話語？

At the end of life, at the end of YOUR life, what essence emerges? What have you filled the world with? In remembering you, what words will others choose?

　　──艾美‧克羅斯‧羅森朵（Amy Krouse Rosenthal），作

家，YouTuber，多次在 TED 演講，樂於隨時行善。2017 年
因卵巢癌病逝，去世前十天在《紐約時報》的「現代愛情」
（Modern Love）專欄寫下「妳或許願意嫁給我老公」。

我們每個人都可以為自己定義「抱負」與「進展」。這樣做
是為了努力朝向不受刻板印象所束縛的世界，所有的期盼都
基於我們個人的熱情、才能和興趣。

*We can each define ambition and progress for ourselves. The goal is to
work toward a world where expectations are not set by the stereotypes that
hold us back, but by our personal passion, talents and interests.*

　　——雪柔·桑伯格（Sheryl Sandberg），作家，臉書營運長，
從商學院畢業後的第一份工作是美國財政部的幕僚長。

歡樂的種子是與生俱來的；接下來，就看我們如何滋養它。

We are born with the seed of joy; it is up to us to nurture it.

——歌蒂・韓（Goldie Hawn），演員，舞者，奧斯卡金像獎得主，在影視上均有傑出表現。

對我而言，樂觀主義並不是坐等事情變好，而是某種信念：我們可以讓事情變好——無論看見多少苦難、狀況如何糟糕，只要我們不失去希望、不掉頭離去，我們都可以幫到別人。

Optimism for me isn't a passive expectation that things will get better; it's a conviction that we can make things better—that whatever suffering we see, no matter how bad it is, we can help people if we don't lose hope and we don't look away.

——梅琳達・蓋茲（Melinda Gates），比爾與梅琳達・蓋茲基金會（Bill & Melinda Gates Foundation）的共同創辦人，基金會宗旨是要改善教育，讓窮人有能力過更好的生活，並對抗傳染病。

你若懷抱目標行走，就會撞到命運。

When you walk with purpose, you collide with destiny.

——柏蒂絲・貝瑞（Bertice Berry）博士，作家、教授及全國聯播脫口秀主持人，擅用幽默探討種族、性別及其他困難議題影響學生。

⊃——»»»» 信心充電站 «««——⊂

這是我的人生，我是唯一必須過它的人
我的一舉一動都有目的
我有能力做出正面的影響

魔法在於挑戰看似不可能的事物。

Magic lies in challenging what seems impossible.

——凱蘿・莫斯里－布勞恩（Carol Moseley-Braun），第一位被選入美國參議院的非裔女性。

做你害怕做的事情。

Do what you are afraid to do.

——**瑪莉‧艾默生**（Mary Emerson），作家、哲學家，她熱愛深談，激勵她的朋友、家族成員和讀者。

把今日用在極為大膽的事情上，就連你都不敢相信自己正在執行它。

Devote today to something so daring even you can't believe you're doing it.

——**歐普拉‧溫芙蕾**（Oprah Winfrey），慈善家，媒體巨擘，製作出各類節目讓全世界享有娛樂與知性訊息。

歐普拉・溫芙蕾

1954 年，歐普拉生於密西西比州，媽媽生下她時才 10 幾歲而已。父母並未結婚，很快就分開了，所以她由祖母照顧。她從小就非常聰明，才 2 歲半祖母就教她識字，在學校也是跳級生（跳過幼稚園和二年級）。歐普拉在 6 歲時被送到密爾瓦基（Milwaukee）某處破敗的貧民區，跟母親及 3 位同母異父的手足住在一起。她說她從 9 歲到 10 幾歲初的時候，陸續遭受多名家人所信賴的男子猥褻。

12 歲，歐普拉再度換環境，被送到納許維爾（Nashville）與當理髮師的父親同住。對年輕的歐普拉來說，這段時光算是比較正面的，教堂及一些社交聚會開始找她去演說。有一次演講，她還賺了 500 美元；自此，她就知道要「收費演講」。後來，她在父母親之間來來去去，從前承受的性侵創傷再度浮現。母親的工時長又不規律，無法經常在家陪伴。14 歲時，她懷了男胎，出生沒多久後就不幸夭折。歐普拉過了幾年的荒唐生活，有次還逃家，最後落腳父親家。她感念父親的嚴

格與奉獻，是他的規則、引導、系統架構及書籍拯救了她。父親要求她每星期都得寫一篇讀書報告，每天要先學會 5 個新單字才能吃飯。

這讓歐普拉脫胎換骨，不僅在校表現優異，高中還沒畢業就進入廣播電台工作。她在贏得一場演講比賽之後，順利拿到獎學金，進入田納西州立大學（Tennessee State University）就讀，主修傳播。19 歲就在地區性的晚間新聞節目擔任共同主播；以其臨場情感豐沛，充滿活力而受青睞，沒多久就正式進軍電視及廣播。1976 年，她搬到馬里蘭州的巴爾的摩，於當地的 ABC 分台擔任記者與共同主播。隔年，她找到她真正的媒體舞台——廣播脫口秀；她共同主持的《巴爾的摩在說》（*Baltimore Is Talking*）一飛沖天，造成很大的迴響。在巴爾的摩，她的聽眾比全國知名脫口秀主持人菲爾・唐納修（Phil Donahue）還多。

1984 年，她到芝加哥，把當地一個沉悶的脫口秀節目《晨間芝加哥》（*A.M. Chicago*）弄得生龍活虎，收視率很快就從第三名竄升到首位。隔年，製作人昆西・瓊斯（Quincy Jones）相中她的才華，決定安排她演出由愛麗絲・華克

（Alice Waler）小說改編的電影《紫色姐妹花》（*The Color Purple*）。這部電影備受好評，也帶動她的脫口秀節目（現在已改名為《歐普拉‧溫芙蕾秀》），聯播區域越來越廣。她成功的將地區性的節目轉型，從原本傳統婦女的焦點及小道八卦拓展為更嚴肅、寬廣的議題，諸如癌症、慈善工作、藥物濫用、自我改善、地緣政治、文學、精神靈性等。1986 年，歐普拉成立自己的製作公司，逐步打造媒體帝國。

2000 年，她出版《O：歐普拉雜誌》（*O:The Oprah Magazine*），也大受歡迎；接著又乘勝追擊，發行為期 4 年的《O 居家雜誌》（*O At Home*），並與別人合寫 5 本書。2008 年創立新的電視頻道，名為「歐普拉‧溫芙蕾電視網」（OWN: Oprah Winfrey Network），準備在此播放以自我為品牌的脫口秀節目。此時，歐普拉贏得「泛媒體皇后」（Queen of All Media）的封號，成為最有錢的非裔美國人，同時也是美國史上最顯赫的黑人慈善家。根據調查，她是北美第一位也是目前唯一身家數 10 億美元的黑人；即便早年歷盡艱辛困苦，如今已被視為全世界最具影響力的女性之一。她獲頒哈佛大學和杜克大學（Duke University）的榮譽博士學位；

2013 年，她從歐巴馬總統手中接下總統自由勳章。

· ·

別因為別人有限的想像力就限制住自己；也別用自己有限的
想像力限制別人。

Never limit yourself because of others' limited imagination; never limit others because of your own limited imagination.

　　——梅·傑米森（Mae Jemison），第一位登入太空的非裔
美國人。她與其他太空人進行了暈機與失重的實驗。

 氣場女神

梅·傑米森

　　1981 年，梅·傑米森從康乃爾醫學院（Cornell Medical College）取得醫學博士學位。她在康乃爾就學期間，曾前往古巴、肯亞及泰國的柬埔寨難民營提供基層醫療服務；此外，她也持續在艾文艾立舞團附屬學校（Alvin Ailey School）

學舞。畢業後,她先在洛杉磯郡立暨南加大醫學中心(Los Angeles County+USC Medical Center)實習,再升為全科醫師。1983年,她以醫官的身分加入「和平部隊」(Peace Corps),在獅子山和賴比瑞亞待了2年,負責部隊志工的健康,並協助疾病防治中心(CDC)進行疫苗研究。

1985年,她完成和平部隊的任務,心想既然同樣是女性的史丹佛畢業生莎莉‧萊德(Sally Ride)已經上了太空,實踐個人長期夢想的時機應該成熟了,於是報名參加美國太空總署(NASA)的太空人訓練計畫。不料,1986年初發生「挑戰者號」(Challenger)太空梭爆炸事故,遴選過程因而延後;隔年,傑米森再度申請,終於如願以償,成為第一位入選的非裔美國女子。當時共有2000多人報名,只錄取15名。1992年秋天,她加入7名太空人組成的「奮進號太空梭」(Space Shuttle Endeavour)團隊,執行8天的任務,成為第一位上太空的非裔美國女性,總共航行190個小時。她還在太空進行了一些醫學及其他實驗。

她在1993年春天離開太空人團隊,在達特茅斯學院(Dartmouth College)取得教學獎助金,自1995至2002

年任教該校，目前是康乃爾大學的客座教授，推廣科學教育與激發少數族群對科學產生興趣。她也創立「傑米森集團」（Jemison Group）和「生物知覺企業」（BioSentient Corp），研發科技，並將之市場化。她也以擔任教師的母親為名，成立「桃樂西‧傑米森卓越基金會」（Dorothy Jemison Foundation for Excellence），主導活動包括「我們分享的地球」（The Earth We Share）科學營隊及「百年星艦」（100 Year Starship）星際旅行計畫。傑米森獲獎無數，獲得多所大學授予榮譽博士學位，其中包括普林斯頓、倫斯勒理工學院（Rensselaer Polytechnic Institute）及帝博大學（DePaul University）。許多公立學校和芝加哥一間科學太空博物館甚至以她的名字命名。她還在幾個電視節目出現過，包括應演員李瓦‧波頓（LeVar Burton）之邀，在《銀河飛龍》（*Star Trek: The Next Generation*）客串演出。

．．．

我很早就決定，不要走在別人的陰影中；這樣，無論成敗，至少我做了我相信的事情。

I decided long ago never to walk in anyone's shadow; if I fail, or if I succeed at least I did as I believe.

——**惠妮·休士頓**（Whitney Houston），歌手、演員，葛萊美獎得主，以《想和愛我的人共舞》（*I Wanna Dance With Somebody* [*Who Loves Me*]）聞名。

女人並非天生被動或平和；事實上，除了天生為人之外，沒有什麼特質是與生俱來的。

Women are not inherently passive or peaceful. We're not inherently anything but human.

——**蘿賓·摩根**（Robin Morgan），作家、新聞記者及獲獎詩人，協助開啟並主導當代的婦女運動。

⥤ ——»»»»» 信心充電站 «««««—— ⥢

我能做從前沒人做過的事
我不受限制
我為信念而戰

我唯一厭倦的是——厭倦屈服。

The only tired I was, was tired of giving in.

——**羅莎・帕克斯**（Rosa Parks），羅莎與雷蒙・帕克斯自我發展學院（Rosa and Raymond Parks Institute for Self Development）的共同創辦人。她在公車上拒絕讓座給白人的著名舉動，引發了全國性的民權抗議行動，其中包括持續 1 年多的抵制蒙哥馬利公車運動（Montgomery Bus Boycott）。

羅莎・帕克斯

　　羅莎・帕克斯讓民權運動顯得更有人味。她在 1913 年出生，在阿拉巴馬州的潘恩勒維（Pine Level）成長，由當老師的母親里歐娜（Leona）獨自撫養，因為父親去北方工作，就此音訊全無。她從小就幫忙做家事，照顧生病的外祖父母。她後來就讀蒙哥馬利女子工業學校，搬去跟阿姨芬妮（Fanny）同住。她在學校裡受到北方長大的老師啟蒙，開始接觸自由主義的理想。老師的教誨，羅莎記在心裡，加上外祖父母告訴她一些關於奴隸制度害人的故事，她內心的正義感油然而生，日益增長。

　　隨著自我覺醒，她對公民權利的參與越來越深。她是第一位參加全國有色人種協進會（National Association for the Advancement of Colored People, NAACP）蒙哥馬利分會的女性，並努力推動黑人註冊投票。羅莎為了避開「公車座位」議題，通常會走路上下班；但在 1955 年 12 月 1 日，因為在蒙哥馬利的某間百貨公司忙了一整天，她決定改搭公車。

從市中心開來的公車總是很擠，照規定，第十排以後是黑人區，白人坐在前頭。當時，羅莎坐在「黑人專區」的第一排，但白人區已經坐滿，使得 1 名白種男性沒有座位。碰到這樣的狀況，若依循慣例，前排黑人應該起身讓座。因此，白人司機要求坐在黑人區第一排的 4 名黑人站起來，把整排座位讓給白人（譯按：黑人和白人不能坐在同排）。羅莎拒絕，司機便報警處理。

她的舉動引爆一連串的抗爭，包括抵制公車以及由馬丁・路德・金恩（Martin Luther King Jr.）與柯莉塔・史考特・金恩（Coretta Scott King）領導的示威遊行。雖然蒙哥馬利公車先前也發生過類似的事件，但只有羅莎堅持不讓步，使之衍生為新興民權運動攻擊座位種族隔離的關鍵法律案例。經審判，羅莎被判有罪，但她拒絕繳納罰金，並提起上訴。這種做法嚴重影響羅莎和丈夫的生活；兩人都丟掉工作，還不斷收到索命恐嚇。羅莎並未氣餒，努力安排居民共乘的方式，讓黑人得以持續抵制公車，長達 381 天。

黑人社群沒有白白被犧牲，美國最高法院在 1956 年判定座位種族隔離違憲。羅莎・帕克斯下定決心的勇氣，成為

非裔美國人奮鬥成功的關鍵因素。羅莎為了社群的福祉勤勉不懈，代表 NAACP 到處演講。她喜歡跟年輕人談論民權運動，因為這才是剛開始而已。

∙∙∙∙∙∙∙∙∙∙∙∙∙∙∙∙∙∙∙∙∙∙∙∙∙∙∙∙∙∙∙∙∙∙∙

偉大的文明不是毀於外來侵略，而是亡於內部衰落。

A great civilization is not conquered from without until it has destroyed itself from within.

——艾芮兒・杜蘭（Ariel Durant），與丈夫威爾（Will）合寫了 11 冊的歷史鉅著《文明的故事》（*The Story of Civilization*），榮獲普立茲獎。

只有死魚才會隨波逐流。

Only dead fish swim with the stream all the time.

——琳達・艾勒比（Linda Ellerbee），兒童新聞節目《尼克新聞》（*Nick News*）獲得許多通常只頒發給成人新聞節目的獎項。

生命不應是一趟通往墳墓的旅程，一心想著保有全屍，安全下庄，而是打滑到路邊，一手拿著巧克力，一手拿著香檳，身體飽受摧折，精疲力竭，大聲尖叫：「哇賽！這趟旅程真刺激！」

Life should not be a journey to the grave with the intention of arriving safely in an attractive and well-preserved body, but rather to skid in sideways, chocolate in one hand, champagne in the other, body thoroughly used up, totally worn out and screaming, "Woo hoo!! What a ride!"

——**凱特・朗頓**（Kate Langdon），暢銷書作家、書評。

生命不是匯聚眾多細節，用閃光燈一照，就此固定下來。但攝影是這樣。

Life is not significant details, illuminated by a flash, fixed forever. Photographs are.

——**蘇珊・宋塔**（Susan Sontag），製片、文化分析家、散文家、小說家。她以小說《在美國》獲得美國國家圖書獎（National Book Awards）。

>━━➤➤➤➤➤ 信心充電站 ≪≪≪≪━━◁

自己的路自己開。

我要把人生過滿。

我不是一般人。

任何激化腦部快樂中心的東西會讓你開心，並進而保護你。神奇的是，這正是《哈利·波特》做的事：孩子接近催狂魔的時候，就要趕緊吃巧克力來護身。

Anything that activates the joy center in the brain makes you happy, and therefore protects you. Oddly enough, that's what they do in Harry Potter: The nurse gives the kids chocolates when they've been near the Dementors!

　　——**珍·西貝利**（Jane Siberry），音樂家暨製作人，以暢銷歌曲《呼喚所有的天使》（*Calling All Angels*）聞名。

「正常」不是渴望的事物，而是應該捨棄的東西。

Normal is not something to aspire to, it's something to get away from.

——茱蒂·佛斯特（Judie Foster），曾獲奧斯卡金像獎的演員、製作人及導演，以《計程車司機》（*Taxi Driver*）和《沉默的羔羊》（*The Silence of the Lambs*）而聞名。

我並不怕這本書引發爭議；如果沒有造成議論，我才會擔心。

I'm not afraid that the book will be controversial, I'm afraid it will not be controversial.

——芙蘭娜莉·歐康納（Flannery O'Connor），短篇故事作者與小說家，常寫美國南方的宗教。

你或許會因為失敗而失望；但如果連試都沒試，那你就註定會失敗。

You may be disappointed if you fail, but you are doomed if you don't try.

——貝佛莉・希爾斯（Beverly Sills），世界知名的歌劇女高音，30 年職業生涯中主要在紐約市立歌劇院（New York City Opera）和大都會歌劇院（Metropolitan Opera）演唱。

生命的完滿在於生活中的險境。

The fullness of life is in the hazards of life.

——伊迪絲・漢彌爾頓（Edith Hamilton），專精希臘羅馬文學，是第一位就讀於德國慕尼黑大學的女性。

➣─»»»» 信心充電站 ««««─◄

我不怕別人怎麼想
我從每次失敗中學習並改進
我有能力再試一次

宇宙如此浩瀚，我也學習讓心靈變大，大到有空間容納各種矛盾衝突。

I learned to make my mind large, as the universe is large, so that there is room for paradoxes.

——**湯婷婷**（Maxine Hong Kingston），教授及作家，美國國家圖書獎（National Book Award）得主，常以美國亞裔移民社群為創作題材。

 氣場女神

湯婷婷

　　湯婷婷的自傳於 1976 年出版，名為《女戰士：處於鬼魂間的少女時代回憶錄》（*The Woman Warrior: Memoirs of a Girlhood Among Ghosts*），充滿魔幻現實主義，書名頗為適切。書中描述一個華裔美國女孩如何在加州成長，為她贏得全美書評人協會獎（National Book Critics Circle Award），並開啟一股有色人種女性寫作的風潮；突然之間，36 歲的湯婷

婷成了文學英雌。下一部作品《中國佬》（*China Men*，或譯《金山勇士》）再於 1980 年獲得同一個獎項；她在 1989 年出版第一部小說《孫行者》（*Tripmaster Monkey: His Fake Book*），讓讀者與評論家同感驚艷。

湯婷婷從小就覺得，她被排除在她所讀的書籍之外。她住在史塔克頓（Stockton），當地圖書館沒有任何關於華裔美國人的故事，也很少故事以女孩為主題。

《女戰士》呈現以學校生活與洗衣工作為主的平凡童年，同時也寫出一個女孩掙脫家務瑣事及現實束縛後的奇妙想像。湯婷婷談論母親這一邊女性祖先的命運循環，直陳華人貶抑女性的表達方式，如「淹水的時候撈寶貝，可別拉到女孩」、「養女兒根本沒用；養鵝勝過養女兒」。

這也難怪，對湯婷婷最猛烈的抨擊就是來自華人。有好幾個華裔男性對她窮追猛打，什麼事情都拿來批評，質疑她沒有資格改編中國的傳說，就連她嫁給白人也要罵。顯然湯婷婷的作品踩到某些人的痛腳；前桂冠詩人羅伯特・哈斯（Robert Hass）稱讚她觸碰種族與性別關鍵議題的方式，使其作品成為「當今作者中，在美國大專院校最廣為傳授的書

籍。」《女戰士》主人翁跨在文化的二元對立上，在種族、性別、精神與認同的圍限下進行內心的無聲鬥爭；女孩既受到貶抑，但是，「如果我們長大後只是別人的妻子或奴隸，那就徹底失敗了。我們也可以成為女英雄、女俠。」

‧‧‧‧‧‧‧‧‧‧‧‧‧‧‧‧‧‧‧‧‧‧‧‧‧‧‧‧‧‧‧‧

我們有太多高談闊論了，但與之相應的行動卻很少。

We have too many high-sounding words, and too few actions that correspond with them.

——艾碧嘉‧亞當斯（Abigail Adams），美國前第一夫人，對丈夫邁向總統之路居功厥偉；丈夫執政後，對其政策依然極有影響，因而有時被稱為「總統太太」（Mrs. President）。

光是站在場邊哭泣抱怨，是不會進步的；你要實踐理念，才會進步。

You don't make progress by standing on the sidelines, whimpering and complaining. You make progress by implementing ideas.

——**參議員雪莉・奇澤姆**（Rep. Shirley Chisholm），非裔美國人，進軍國會並參與主要政黨總統初選；其政見關注焦點包括教育和社會正義。

 氣場女神

雪莉・奇澤姆

1924 年生於紐約市的布魯克林區，後來與外婆艾蜜莉・席爾（Emily Seale）住在巴貝多（Barbados）7 年。雪莉認為她在巴貝多接受的良好教育及「繃緊上唇」（stiff upper lip）的冷靜態度，對她回美國後的發展有很大助益。當她高中畢業時，多所大學願意提供獎學金；雪莉最後選擇了布魯克林學院（Brooklyn College）研讀心理學和西班牙文，希望成為一名教師。就學期間，她參與「哈莉特・塔布曼協會」（Harriet Tubman Society），自此發展出強烈的黑人自豪感，從行動中獲得很多激勵，要在一生中「做點事情」。一名白

種政治學教授鼓吹她從政，這在當時是令人怯步的想法；不過，種子已經埋下。

60 年代，雪莉正式踏入政壇，參選州議員。1964 年，為所屬民主黨贏得一個席次，也為她的政治生涯揭開序幕；她在 1965、1966 年都連任成功，決定更上一層樓，進軍國會。雪莉面對經驗豐富、財力雄厚的候選人，終究還是獲勝；她知道選區中女性選民比男性多了 1 萬 3 千人，於是集結兵力，動員女性票源。此時，她還動了腫瘤切除手術，但幾乎沒有休養，就回到工作崗位，也因此被視為國會最強悍的黑人民代之一。

即使在國會殿堂，種族問題也是家常便飯。因為黑人女性的身分，雪莉原本被分派到農業委員會處理糧票分配事宜，但她不願接受，據理力爭的結果，先轉到榮民事務委員會，最後再到她自認可以一展長才的教育與勞工委員會。雪莉以言辭直率、特立獨行兒聞名，她以推動選民福祉的代表自居，要為那些向來被政治所忽略的人發聲：拉丁族裔、美國原住民、藥物成癮者及同志。

1972 年，她參與民主黨的總統初選，以婦女權益為競選

主軸，宣稱自己是認真、有實力的競逐者，而非「耍噱頭」的候選人。雖然最後並未獲得提名，但她在初選過程中儼然成為民權與女權運動的全國代言人。之後，她協助創立「黑人婦女全國政治聯會」（National Political Congress of Black Women）、教書、演講，並完成兩本著作《不被收買、不受指揮》（*Unbought and Unbossed*）和《美好的一仗》（*The Good Fight*）。雪莉・奇澤姆可說始終站在爭取非裔美國女性政治權力的最前線。

• •

有些人即使拿到一手爛牌也能成功，因為他們善於處理所面臨之悲劇，這對我很有激勵作用。

Some people with awful cards can be successful because of how they deal with the tragedies they're handed, and that seems courageous to me.

——茱蒂絲・格斯特（Judith Guest），為了完成第一部小說而辭去教職；在她眼裡，這是寫作生涯中最重要的決定。

革命始於自身，由內而生。

Revolution begins with the self, in the self.

——湯妮‧凱德‧班巴拉（Toni Cade Bambara），獲獎作家，
「黑人經驗劇場」（Theater of the Black Experience）導演。

⇒——»»»» 信心充電站 ««««——⇐

我把抱怨轉為解決方法
我的處境不能定義我這個人
我的行動將造成正向的改變

如果有別人做不了或不會做的事，就別去做那些別人能做且
會做的事。

Never do things others can do and will do, if there are things others cannot
do or will not do.

——艾蜜莉亞‧伊爾哈特（Amelia Earhart），第一位橫越
大西洋和太平洋的飛行員，也是第一位飛越大西洋的女性。

要記得，我們每個人都有改變世界的力量。只要開始想一想和平，訊息散播的速度會比你想的要快。

Remember, each one of us has the power to change the world. Just start thinking peace, and the message will spread quicker than you think.

———**小野洋子**，世界知名的藝術家及音樂家，設立「藍儂小野和平獎」（LennonOno Grant for Peace Award）

 氣場女神

小野洋子

　　身為搖滾史上最具爭議性的人物之一，她的作品是那些願意與她一起探索音樂實驗主義邊界的人才能慢慢品味的。小野洋子被冠上「拆散披頭四合唱團的女子」封號，這對她並不公平，她其實是受過古典音樂訓練的音樂家，早在這「神奇四人團」（The Fab Four）灌錄第一張唱片之前，就已經是紐約最前衛的藝術家之一。1933 年，小野洋子生於東京，1953 年到紐約就讀莎拉·勞倫斯學院（Sarah Lawrence

College）。即便在當時，似乎也不容易找到適切的表現形式：她的詩作被批評太過冗長，短篇故事又太短了。

　　不久，小野洋子就以其原創性在後彼特尼克時代（post-Beatnik，彼特尼克或譯「披頭族」、「垮掉的一代」，反叛色彩濃厚）的格林威治村（Greenwich Village）嶄露頭角，包括365個裸臀的影片、邀請觀眾割裂她身上衣服的表演藝術，以及稀奇古怪的拼貼圖與立體裝置，風格之大膽，恐怕連安迪・沃荷（Andy Warhol）也卻步。有「即興女教皇」（High Priestess of the Happening）之稱的小野洋子，會以奇特的裝置藝術迷惑訪客，比如在揮舞長髮的同時，將乾豆撒向觀眾。她具備震撼人心的能力、無止境的想像，也知道如何吸引大眾目光，她的宣傳手法連巴納姆（P. T. Barnum，19世紀美國魔幻馬戲團的始祖）看到都會欽羨不已！

　　在約翰・藍儂（John Lennon）爬上梯子，凝視小野洋子以「Yes」為名的藝術創作時，搖滾樂史就此出現新的篇章。他們的合作——塑膠小野樂團（The Plastic Ono Band）、愛與和平的「在床示威」（bed-ins），更別提還有個愛的結晶西恩・藍儂（Sean Lennon）——開創了不朽傳奇，而世人終

於可以慢慢接受並尊重她的創意。小野洋子的演唱風格——在不和諧的音響重擊中嚎鳴尖叫——影響 B52 轟炸機合唱團（B52s）及新一代的暴女樂團（riot grrl bands）。她在 70 年代的音樂作品多半以女性主義為主題；雷鬼節奏的歌曲「姊妹啊姊妹」（Sisters O Sisters）為其最佳作品之一。小野洋子的英雌氣概展現在她強烈的理想主義，以及致力於讓世界變得更好。

....

就空氣動力學的角度而言，大黃蜂應該飛不了；但大黃蜂並不知道，所以牠們還是繼續飛行。

Aerodynamically, the bumble bee shouldn't be able to fly, but the bumble bee doesn't know it so it goes on flying anyway.

——**玫琳凱・艾許**（Mary Kay Ash），玫琳凱化妝品公司的創辦人，事業極為成功。

關於人生有件奇怪的事：幾百年來，它的本質應該對每個人而言都是顯而易見，但卻沒有一個人留下適切的說明。倫敦街道有地圖可循；但我們的熱情卻沒人測量。如果你在這個街角轉個彎會遇見什麼呢？

The strange thing about life is that though the nature of it must have been apparent to every one for hundreds of years, no one has left any adequate account of it. The streets of London have their map; but our passions are uncharted. What are you going to meet if you turn this corner?

　　——維吉尼亞‧吳爾芙（Virginia Woolf），女性主義作家，以著作《戴洛維夫人》（*Mrs. Dalloway*）和《自己的房間》（*A Room of One's Own*）聞名。

我相信，生比死來得好，不僅因為它比較不無聊，而且也有新鮮的桃子。

Life is better than death, I believe, if only because it is less boring, and because it has fresh peaches in it.

——**愛麗絲・華克**（Alice Walker），作家、詩人、評論家及行動家，普立茲獎得主，以小說《紫色姐妹花》聞名。

好好運用妳寫下的語句，無論是從本書抄的，或是妳自己寫出來的，把它們當作護身盔甲一般。任何人想要影響妳，都得穿越妳堅定的自信、妳強大的愛、妳的強悍與美麗、妳的內在動力、妳家人的支持，以及妳的原始力量。妳越肯認自己，妳的盔甲就愈強。所以千萬別放棄，千萬別屈服。過妳想要過的生活。

附錄

氣場女神修練計畫

妳的目標是什麼？
妳要如何實現？

這星期妳會採取那些小步驟
來開啟正向的轉變？

妳生活中有哪個領域需要催化自信？
什麼樣的氣場有助於增強自我信心？

妳想要在自己的感情生活中看見什麼轉變？
什麼樣的氣場有助於造成這些轉變？

在本頁的中間畫條線，不要畫到底。
線的左半邊，描述妳目前的自我意象；右半邊則
描述妳希望擁有的形象定位。然後在底部空白
處，寫下要如何改變妳未來的自我形象。

寫下妳的生涯目標。
什麼樣的氣場可以幫助妳達成這些目標？

描述妳的家人。

請記得，家人並不必然要有血緣關係。什麼樣的氣場有助於跟妳的家人維持正向且親愛的互動？

什麼事情阻礙了妳實現目標？
在本頁中間畫線，左半邊列舉妳遇到的阻礙，
右半邊列舉妳可以用來克服障礙的氣場及行動。

列出上床睡覺前妳要完成的 5 件事，
每件事之間留些空白。當一天結束時，
記錄妳做了什麼，以及完成目標後的感想。

妳想養成什麼樣的新習慣？
妳每天要採取怎樣的小步驟來培養這些習慣？

妳要如何過更健康的生活？
妳每天要採取怎樣的小步驟來實現這些想法？

妳會對誰心懷感激？為什麼呢？
在接下來的幾天，妳要如何對他們表達善意？

今天有什麼事情壓得妳喘不過氣來？
什麼樣的正向氣場可以幫助妳對抗這些壓力？

————— 🌸🌸 —————

什麼樣的活動可以讓妳快樂？為什麼呢？
妳如何能讓生活中增加那種快樂？

挑選對妳有所啟發的名言佳句。
為什麼它能激勵妳呢？
妳今天要如何有效運用這樣的激勵呢？

寫下妳不同意的名言。
妳要如何從不同的角度學習？

放首曲子來聽。妳在聽的時候，
寫下這首曲子讓妳想到什麼。
從這些思緒中，妳對自己多了解到什麼？

列出 5 個妳可以在 5 分鐘內採取的舉動。
完成這些舉動，然後寫下妳的生命如何因為
這些小步驟而朝正確的方向改善。
妳如何能運用這種動能將自我持續向前推進？

什麼事情讓妳感到罪惡卻無法改變？
什麼樣的氣場可以幫助妳慢慢平息內疚，
讓妳能從錯誤中學習又不會失去自信？

寫下最能鼓勵妳的話。
今天妳可以用哪 5 種方式鼓勵他人？

貝卡 · 安德森

貝卡·安德森（Becca Anderson）出生於傳教士和教師世家，家人大多在俄亥俄州、肯塔基州等地服務。因為家族的教師背景，引領她成為婦女研究的學者，並經營「厲害女子部落格」（The Blog of Awesome Women）。在宗教方面，她熱衷於各種冥想、禱告與祈福，並協辦「感恩與恩典團契」（Gratitude and Grace Circle），每月於家中、教堂及書店聚會。貝卡·安德森走過癌症陰影，她把這段經歷歸功於性靈上的修習，樂於分享給任何遭遇人生困頓的人。著有《思索快樂，保持快樂》（*Think Happy to Stay Happy*）、《實際生活中的正念》（*Real Life Mindfulness*）和《每天心懷感激》（*Every Day Thankful*）。並在網站 https://thedailyinspoblog. wordpress.com/ 分享啟發人心的作品、倡議良善的行為。

 譯者簡介

吳家恆

吳家恆，大學念政治，研究所念音樂學，從事編輯、翻譯多
年，也主持廣播節目，不時更新臉書「music pad 古典音樂
史上的今天」。譯有《在一起，更好》、《練習愛藝術》、
《舒伯特的冬之旅：一種迷戀的剖析》等書。

國家圖書館出版品預行編目(CIP)資料

氣場女神 / 貝卡.安德森 (Becca Anderson) 著；吳家恆譯.
-- 初版 . -- 臺北市：遠流, 2019.03
　面；　公分
譯自：Badass affirmations
ISBN 978-957-32-8468-0(精裝)

1. 自我實現 2. 成功法

177.2　　　　　　　　　　　　　108001770

氣場女神

Badass Affirmations:The Wit and Wisdom of Wild Women

作　　　者：貝卡·安德森 (Becca Anderson)
譯　　　者：吳家恆
總監暨總編輯：林馨琴
責 任 編 輯：楊伊琳
行 銷 企 畫：張愛華
美 術 設 計：三人制創
內 頁 排 版：邱方鈺

發 行 人：王榮文
出 版 發 行：遠流出版事業股份有限公司
　　　　　地址：臺北市 10084 南昌路二段 81 號 6 樓
　　　　　電話：（02）2392-6899 傳真：（02）2392-6658
　　　　　郵撥：0189456-1
著作權顧問：蕭雄淋律師

2019 年 3 月 1 日　初版一刷
新台幣定價 350 元
ISBN 978-957-32-8468-0

YL*ib* 遠流博識網　http://www.ylib.com　E-mail: ylib@ylib.com